SQ選書
12

ヤバすぎる酒飲みたち!

歴史にあらわれた底なしの酒客列伝

中本新一
NAKAMOTO Shinichi

社会評論社

ヤバすぎる酒飲みたち!――歴史にあらわれた底なしの酒客列伝*目次

第三章　もののふが一杯の盃に命を賭けて

第四章 幕末に日本の酒造が大変革された——119

第五章　酒飲みたちが先頭にたって近代日本を創った——155

まえがき

私の初飲は一八歳でした。高校三年の学年末考査が近づいていた一月下旬のある夜ふけ、寝るまえに水を飲もうと台所に入ったら食卓に湯呑みと紙片がありました。母の字で「温めて飲みなさい」とあります。湯呑みが酒だとはすぐにはわかりませんでした。鼻に近づけたら、馨《かぐわ》しく心地よい匂いがします。

酒が胃袋におさまり、言いようのない多幸感にひたりました。「世の中に、こんな美味いものがあったのか」と驚きと感動が交差し、酔いのなかで、自分を肯定できるようになれる部分に私は大きな魅力をおぼえました。

この初飲体験が常飲のはじまりで、これから先も毎晩、湯呑みに八分目ほど飲むことが習慣化していきます。

学生生活は京都市内でおくることになりましたが、ゼミの親友が伏見の造り酒屋の息子ということで、高度成長期の人手不足もあって、毎年秋から春にかけて、酒蔵で雑役のアルバイトをすることになります。蔵のにぎやかなことと、醪《もろみ》の泡の噴きあがる音には驚きました。期間中、蔵人さんたちはほとんど不眠不休になり、真夜中にも桶に梯子をかけて登り、なかの泡の状態を見ていました。酒蔵での雑役夫体験から、「酒は生き物だ、千年にわたって日本人が育てきたものだ」という信念をもつようになりました。

社会人になってからも酒蔵を再見したり、酒造の本を読んだり、論文にまとめたりして、醸造への関心はもちつづけました。

学長室がバリケード封鎖される時代です。大学の四年目は休学して世界漫遊旅行にでかけます。サンフランシスコでの第一夜に感激しましたが、当地で庭師見習いや土木作業員やハウスボーイなどのアルバイトに精をだして資金をためます。カナダを皮切りに、西欧、北欧、中欧、東欧、北アフリカ、地中海諸国、イスラム諸国、インド、東南アジアを歩きました。二週間ほど滞在したインドにいちばん揺さぶられました。同国の奥地にも足をのばして一千年まえの生活に驚愕します。

世界漫遊旅行中は吝嗇《りんしょく》をこころがけていましたが、酒を飲まずに辛抱するというようなことはありませんでした。海外の飲酒事情を探索するための世界一周だったみたいによく飲みました。旅行中に自身に課していた戒律に、「現地の民衆がいくような安酒場で、現地の人にまじって飲む」というのがありました。立飲みは日本にのみ存在すると思っていたのですが、マドリッドやダブリンやプノンペンにも世界のほとんどの都市にもありました。シャーベットのように液体とは言い難いような酒もあるし、ムカつくような匂いのする酒もあります。場末の安酒場で民衆にまじって酒を飲むことなしに、その国の夢、痛み、願いなどわかろうはずがありません。

学生時代に汚点のような失敗があります。卒業してから五〇年にもなろうというのに、今でも思いだせば赤面します。追いだしコンパで泥酔した私が、料亭の床の間に飾った掛軸に小便をひっかけたらしい。幕末に尊攘派として暴れまわっていた、日本人なら誰でも知っている志士の書なのですが、私にはその夜の酒宴の記憶がほとんどないのですが、みんなが「おまえが、引っかけたんだ」といったのです。

学生生活を終えると、まっすぐ高校に勤務しました。科目は世界史と日本史、部活はソフトボール部が担当です。漫遊旅行を枕にした世界の各国史の授業だから、生徒諸君も身を乗りだすように聴いてくれ、考査でも高得点をとってくれます。海外渡航がめずらしい時代だったから各国の生の情報が新鮮だったのでしょう。

他方、日本史はつまりません。どうでもいい、大昔のことを事細かにしゃべらねばなりません。世界史の授業は静寂そのもの、一方、日本史の授業は騒乱罪を適用しないといけないような、通勤・通学のラッシュ時のプラットホームのような混雑、騒ぎになります。

大宝律令の学習では、奈良時代の戸籍から班田収授の法にもとづいて戸がもらいうける口分田の面積を計算しないといけない。黒板に数式を書いて、生徒の面前で解いていきましたが、私は簡単な通分がわからず、生徒たちに面罵されました。

日本史の定期考査があった日、教室のみんなのまえで模範解答をつくっていきます。しかし、二、三の設問は、どうしても解けないのです。考えこんでも解けない。出題者は私であり、その私に正解がわからないのです。生徒たちの鬼の首をとったような喜びようといったらありませんでした。

授業でトラウマをつくってしまった私は、日本史の基本史料になぐさめられるようになっていきます。古代にも中世にも近世にもそれぞれの時代において、有名人、無名の市井人が遺した日記、手紙、随筆が刊行されています。編年史もあります。休日には自宅から一歩も外出せずに基本史料を読みふけるのが趣味になっていきました。

三七歳になった私は酒のために相当のさしさわりがでる男になっていました。

病院にいくと、アルコールの専門医が小一時間の診察をへて、私にむかって「もはや生涯一滴の酒もまかりならん！」と宣告しました。即、自助グループにも入会し、例会出席も欠かさないようになります。診断された日から現在三三年八か月が経ちますが、世間の人は容易に信用してくれないのですが、医者にやめるようにいわれた日を境に一滴も飲まずに今日まで来ています。

自助グループの歴史もふるくなり、断酒文化の蓄積もゆたかになっていますから、セオリーに従っていけば、少々の努力で酒をやめつづけることができます。

私の「酒飲み」への関心はなみなみならない。大海人皇子、藤原兼家、藤原道長、後白河天皇、源頼朝、北条高時、足利義満、足利義政、日野富子、上杉謙信、山科言継、織田信長、徳川家斉、中江兆民、葛西善蔵、松村春繁らは、まるで酒瓶の中から生まれたかのような大酒家で、エピソードも豊かです。こうした人びとの酒歴をさぐって、そのことで日本史の原型のようなものに触れたいと思います。

「酒飲み」に関心をもつうち、「酒飲み」を通じて、日本史の統治システムのようなものの一端でも望見できないものかという気持ちが昂じてきているのです。私自身、断酒文化とかかわりを持つようになって、自分なりに日本史の原型というものが見えはじめたような感じがするのです。

酒はすばらしいものだと私は思っている。社交的になれて、熟睡することができるし、明るい気分になってストレスも一時的になくせるからです。酒場でも饒舌になることで国民の統合にも貢献しています。酒飲みこそ一国の元気です。が、酒にさしさわりがでるようになったら、やめるべきです。自分にとっても人にとっても酒が負の属性のものになったら自助グループに入るべきでしょう。酒をやめていく道筋には貴重な宝物がいっぱい落ちています。それらを断酒しながら、拾いあげて生活に活用していくことほど幸福なことはありません。飲酒は無比の快楽であり、酒をやめたら楽しみがなくなるというのは謬見です。断酒には喜びが満ちあふれているのです。だから酒をやめた人びとは、みな、「アル中になってよかった」と述懐しています。

これから原稿紙にむかいますが、酒造の変遷を背景にして、「酒飲み」とそれを通して望見した「日本史」を書いていきます。

第一章　太古の昔から日本人は酒飲みだった

日本の酒はまちがいなく口かみ酒からはじまっていますが、日本に稲作が伝来してからは米を原料とし、米麹をつかった酒が酒造の中心になっていきます。奈良朝から平安朝にかけて、国営で酒が醸造されていました。

邪馬台国ではどんな酒が飲まれていたのか

日本人は非常に古くから酒をつくり、飲み、酔ってきました。

一万二〇〇〇年ぐらいまえに氷河がとけて日本列島が切りはなされ、縄文時代に入りました。このころから、日本でもいちばん古い「口かみ酒」が始まったのです。

口かみ酒のつくり方は、簡単です。栗のなどの木の実や穀類をよく噛めば、デンプンに唾液中の糖化酵素が作用して、ブドウ糖が生じます。これを容器（縄文土器）に貯めておくと、空気中の野生酵母のはたらきでアルコール発酵が起きるのです。

口かみ酒は容器が必要だから、先土器時代にはつくられていないでしょうし、原料が木の実でもよかったことから稲作以前にもおこなわれていたと思われます。

「酒を醸《かも》す」の語源は、口かみ酒をつくる「噛《か》む」から派生しているといわれます。太古には口かみ酒は、東南アジアや南米にみられたものでありますが、沖縄や鹿児島の離島では、明治時代まで神事に少女たちが米飯を噛んで、吐き貯め、お神酒をつくっていたことがつたわっています。

なお、大昔の口かみ酒には、その存在を裏づける物的確証がありません。

縄文遺跡における果実酒をみましょう。

長野県に井戸尻《いどじり》遺跡があります。八ヶ岳の山麓に縄文中期（紀元前三五〇〇年〜紀元前二〇〇〇年）の竪穴住居跡がありますが、この遺跡から昭和二八年に酒をつくっていたと思われる土器が出土しました。口縁が平たく、首の部分に輪をはめたような鍔があり、そこに一八個の穴が開いています。これが有孔鍔付土器《ゆうこうつばつき》であり、この土器とおなじ型式の土器から山ブドウの種子がみつかっています。したがって、この有孔鍔付土器は山ブドウの酒を仕込んだ容器であると考えられるのです。

縄文中期人は、秋の山に入って、山ブドウ、アケビ、草いちごを採って、有孔鍔付土器に入れ、石棒ですりつぶしたのでしょう。木の実に付着している野生酵母のはたらきでアルコールになったはずです。以上の加藤百一さんの説を補強する、飲酒用の容器らしいカップ状土器も同一住居跡から出土しています。

秦や漢という漢民族による統一国家の出現は、アジア全域に巨大な余波をおよぼしました。非漢民族である揚子江以南の人びとが、紀元前四世紀ごろ、難をのがれて北九州にやってきました。そのとき稲作と金属器が伝来したのですが、農具、食器、鉄鎌、米麹《こめこうじ》による酒づくりもつたわったと考えるべきでしょう。

稲作は住民に迎えられて、またたく間に東北にまで進展していったのですが、このことは同時に米の酒のひろがりをも意味していたと解するべきでしょう。

水稲がつたわって五〇〇年ほど経過した弥生時代、すなわち、紀元三世紀ごろの倭の風俗などを活写する中国の史書があります。題して、『魏志』倭人伝であり、そのころの倭人のアルコール事情が一目瞭然です。

そのひとつは、「始メ死スルヤ停喪《ていも》十余日、時ニ当リテ肉ヲ食ワズ、喪主ハ哭泣《こくきゅう》シ、他人ハ就《つ》キテ歌舞飲酒ス」とあります。葬式の日に飲んで歌って騒いでいる、というのです。もうひとつは、「其ノ会同ハ、坐起《ざき》ニ父子男女ノ別無ク、人性酒ヲ嗜《たしな》ム」という箇所です。人間の本性から酒好きであるというのですが、葬儀の日に酒を飲んで騒ぐことをふくめて、現代日本人となんら変わりがありません。卑弥呼の時代になると、かなり多く飲むようになっていたらしいことがわかりますが、それでは邪馬台国ではどういう酒が飲まれていたのでしょうか。米の酒か、果実酒か、口かみ酒か、いまと同じ米麹をつかった酒か。

加藤百一さんは以下のように考えます。大勢の人びとが飲むわけだから、少量しかつくれない口かみ酒や果実酒ではなく、それらは廃《すた》れていただろう。米を原料として、米麹をつかった酒が、酒づくりの中心になっていただろう、と。

アジアにはクモノスカビないしケカビのはたらきで穀物のデンプンを糖化する酒づくりがひろがっています。

中国では小麦粉を固めたモチ麹で、日本では麹菌を蒸米にうえこんだバラ麹で酒づくりをしています。日本においてのみ麹菌のバラ麹を利用している理由として、水稲栽培が伝来したころは、大陸からもたらされたクモノスカビやケカビが利用されていたが、日本の湿潤な気候によって、カビそのものが麹菌に変わったという説が有力です。

右の説に与《くみ》しない考え方もあって、加藤さんは佐々木高明氏の説をあげています。水稲が北九州につたわったとき、バラ麹による酒づくりが日本にもちこまれた。華北でのモチ麹の出現は紀元前二世紀ごろであったから、日本へ水稲が伝来した紀元前四世紀ごろの揚子江以南の地ではモチ麹はまだつかわれていなかったと思われる、と。

米飯にカビが生えたものを大昔は、「加無太知《かむたち》」または「加牟多知《かむたち》」とよばれていて、「噛む」と語音をひびかせながら、「カビ立ち」の意味をもち、「カムタチ」→「カムチ」→「カウジ」→「コウジ（麹）」となったとなったようです。

奈良時代のはじめの「播磨国風土記」宍禾郡《しさわのこおり》庭音村のくだりに、「大神の御粮《みかれい》、沾《ぬ》れて梅《かび》生えき、すなわち、酒を醸《か》もさしむ」とあります。米飯に生えたものはカムタチ、すなわち、米麹であって、右の奈良朝の史料は、米麹をつかっての酒づくりを描いているのです。

大海人皇子と額田王の不倫めいた恋情

日本で国家意識がたかまり、天皇が日本の統治者であることを説明するために『古事記』『日本書紀』ができ、美しいしらべで詩を歌うことから『万葉集』が生まれました。

記紀万葉には酒に関する記載が多くあります。古事記にでてくる八塩折之酒《やしおりのさけ》は重醸酒でしょう。醪《もろみ》をしぼって粕を捨て、その酒へ米麹と蒸米を仕込み、醪が熟成すると醪をしぼり……と醸造をくり返すのです。

日本書紀に「田の稲を以て、天甜酒を醸《か》みて嘗す《にいなえ》」とありますが、稲米を原料にして、うまい酒をつくって神に供えていたのでしょう。古代にあっては稲作と酒づくりと神への信仰が一体になっていたのです。

『古事記』にはスサノオノミコトの大蛇退治がでています。出雲の山郷に老人夫婦がくらしていました。この夫婦は、「大蛇がやってきて娘を食ってしまった」と泣くのです。八人いた娘が毎年大蛇に食われていき、とうとう最後の娘も今夜喰われることになったのです。そこにスサノオノミコトがあらわれて強い酒を大蛇に飲ませて、眠っているとき、剣をぬいて大蛇を殺しました。そのあと、スサノオノミコトが穀物の霊であるクシナダ姫と性的な交わりをもつことを通して、山郷に豊作をもたらしたのです。

大蛇とはなんでしょうか。これはメタファー（隠喩）であって国内の蝦夷や熊襲の末裔ではないでしょう。半島や大陸から日本にやってきた異民族と思われます。

『古事記』は男女のことも赤裸々に書いています。オオクニヌシノミコトには多くの女がいました。正妻のスセリ姫は、他の女たちに激しく嫉妬し、

「あなたは男でいらっしゃるから、若い女をつくられてもいいかもしれないわ。でも私は女で

あるのであなた以外に男はいないわよ。カジの木の繊維でつくった寝具によこたわって、いつも一緒に若やぎはずむ乳房に触ってほしいわ。私の白い腕をあなたの手枕にゆだねたいわ。どうぞ、豊御酒《とよみき》をお飲みください」

と歌ったのですが、そのあとでふたりは盃を交わし、夫婦の愛を確かめたのです。

古代の日本人は、日常の詩情を定型に添えましたが、四、五三六首からなる『万葉集』には、酒の歌が約四〇首もありますし、酒を歌の表面にあらわさず、他に託して詠んだものもあります。

太宰帥の大伴旅人は、名高い「酒を讃むる歌」一三首を載せているが、そのうち四つ、五つをかかげてみます。

験《しるし》なき物を思はずは一坏《ひとつき》の濁れる酒を飲むべくあるらし
古《いにしへ》の七《なな》の賢《さか》しき人どもも欲《ほ》りせしものは酒にしあるらし
なかなかに人とあらずは酒壺に成りにてしかも酒に染《し》みなむ
あな醜《みにく》賢《さか》しらをすと酒飲まぬ人をよく見れば猿にかも似る
黙黙《もだ》をりて賢しらするは酒飲みて酔泣きするになほ若《し》かずけり

蒸した米と麹と水を甕に入れてまぜると、一〇日ほどしたら度数の低い濁った酒ができましたが、奈良時代の下々の飲む酒はこんなものでした。

旅人は大納言、従二位に輝く貴族でありましたので、「濁れる酒」が下々の飲む酒と同じであったかどうかは判別できませんが……。酒宴で旅人が飲んで、満ち足りた気分になっているとき、飲まない人を「猿にかも似る」と思うのは現代にも当てはまります。「酔泣き」とは泣き上戸のことでしょう。

万葉集の代表的な歌人をあげよといわれれば額田王を想いだす人が多いでしょう。

額田王は近江の王族の娘で、先祖は新羅から来ています。斉明女帝につかえた経験をもち、大海人皇子に愛されて十市皇女を生みましたが、のち大海人皇子の兄にあたる天智天皇の妃になりました。額田王は万葉集のなかに長歌三首、短歌九首があるが、歌風は優麗で格調が高い。つぎの二首は、額田王が天智天皇と暮らしているときのものです。

額田王は、

茜さす紫野行き標野《しめの》行き野守《のもり》は見ずや君が袖振る

と歌いました。この歌は、京都の北にある紫野ではない。「天皇、蒲生野に遊猟《みかり》したまふ時、額田王の作る歌」と詞書があって、近江の蒲生野の紫野でありました。

夕暮れの野原を歩いていると、あなたが「おーい。ここにいるぜ」と手を振って近づいてくる。野原の番人に、ふたりのことがバレてしまうわよ、という意味でしょうか。大海人皇子が

応えて、

紫の匂へる妹を憎くあらば人妻ゆえにわれ恋ひめやも

と詠みました。

紫草のようにいい匂いのする君を少しでも憎いと思うことなんかあるわけないサ。人妻だとわかっていても、好きなんだ。きわどい恋心だったのだなと感嘆されるかもしれませんが、実際は酒席で酒飲みたちが場を盛りあげるために創った歌だといわれています。つまり、大海人皇子と額田王が、酒の肴にされたのですが、大海人皇子もひごろから大酒家であり、酒癖もよくなく、宴席でも長槍をふりまわして暴れたこともあったといいます。

風雪の夜、塩をなめつつ糟湯酒を飲む

千数百年の時空をこえて、現代にいきる私たちの心情を激しく揺さぶるのが山上憶良の歌です。筑前国守であったころに見聞したことをもとに詠んだ貧窮問答歌は、現代人を粛然とした気分にしてくれます。

風雑《まじ》へ　雨降る夜の　雨雑へ　雪降る夜《よ》は　術《すべ》もなく　寒くしあれば　堅塩《かたしお》を　取りつ

づしろひ　糟湯酒《かすゆざけ》　うち啜《すす》ろひて　咳《しはぶ》かひ　鼻びしびしに　しかとあらぬ　鬚かき撫でて
我《おれ》を除《お》きて　人は在《あ》らじと　誇ろへど　寒くしあらば　麻衾《あさぶすま》　引き被《かが》ふり　布肩衣《ぬのかたぎぬ》　有り
のことごと　服襲《きそ》へども　寒き夜すらを　我よりも　貧しき人の　父母は　餓え寒《こご》ゆらむ
妻子《めこ》どもは　吟《にお》び泣くらん　此の時は　如何にしつつか　汝が世は渡る　天地は　広しと
いへど　吾が為は　狭《さ》くやなりぬる　日月は　明《あか》しといへど　吾が為は……

風まじりに雨がふり、その雨にまた雪がまじってふる夜は、どうしようもなく寒いので、固まった塩を少しずつたべ、酒の粕をといた湯をすすり、せきをし、鼻水をすすりあげる。たいして生えてもいない鬚を撫でて、自分をさしおいては偉い人間はあるまいと自慢しているけれど、いかにも寒いことだから麻ぶとんをひっかぶり、袖なしの麻衣をありったけ重ね着しても、それでも寒い夜なのに、私よりも貧乏な人の親たちはほんとうに寒いことだろう。その妻子は、物をたべさせてくれと泣くことだろう。こういうときには、どうやって、お前の生活をたてていくのか。天地の間は広いとはいうけれど、私のためには狭くなったのでしょうか。日や月は明るいものだというけれど、私のためには……。

最近、奈良では平城宮の造営工事をしていたころの木簡が出土しました。そこには「農民は酒を飲みすぎることなく、工事に打ちこめ」と墨書されています。

奈良時代の酒造が国営であったことは多くの人が知っていることですが、大寺社や律令官人もつくっていたし、わずかな量でしたが、下々も酒造していました。

延喜式は、平安時代のはじめ、醍醐天皇の命によって編集された、大宝律令の施行細則であり、奈良朝から平安朝初期にかけてのころの朝廷の制度・慣行が手にとるようにわかる文献なのです。

酒づくりは、宮内省のなかの造酒司《さけのつかさ》が担当しています。その長官が造酒正《さけのかみ》であり、六〇名の酒部といわれる、実際に酒造業務にたずさわる人びとを率いていました。大和九〇戸、河内七〇戸、合計一六〇戸が酒戸として大宝律令で定まっており、そこから酒部として酒造にふさわしい人材が派遣されていたのです。

左に造酒司でつくられた酒の種別をいくつかあげます。

御酒《ごしゅ》……天皇一家にささげる高貴な酒
頓酒《とんしゅ》……短期間につくる酒
熟酒……発酵に時間をかけた濃い辛口の酒
御井酒……甘い儀式むけの酒
白酒《しろき》……新嘗の節会に飲む酒
黒酒《くろき》……新嘗の節会に飲む酒

国営以外の酒造に目をむけてみます。

春日大社に遺る酒殿《さかどの》は国宝ですが、貞観元（八五九）年に醸造施設として建てられていたもので、酒造に用いられた数個の甕も付属しています。石上神宮（奈良県天理市）の酒殿跡から出土した大型須恵器《すえき》は、酒の仕込みと貯蔵につかわれていました。

平安中期の『宇津保物語』には大臣三春高基《おとどみはるのたかもと》邸に酒殿があったと記されていますし、同書には神奈備種松《かむなびたねまつ》という豪族の家には、酒甕二〇個がすえられた酒殿があったと述べられています。『日本霊異記』に宝亀年間（七七〇〜七八〇年）、讃岐の郡司の妻は欲望深くて、酒に水をくわえて売っていたのですが、その罪科で死後牛にされたという説話が載っています。農民から取りたてた出挙《すいこ》の米で酒をつくり、水をたして、高値で売りつけていたという話から、官人の酒造が推定できるようです。

右からわかるように、律令時代には国営を基本としつつも、寺社、貴族、官人も酒造の一翼をになっていたのです。

奈良時代の民衆の飲酒ぶりの一端をみてみましょう。

古代においては、農民たちは高い山に登って畑を見おろしつつ、秋の実りを祈り、山の神々を讃えました。これが国見とか高見とかよばれる農耕儀礼です。山頂から里を見渡しながら酒を飲んだのですが、日本に国見山や高見山の名が多いのはこのためです。国見や高見という苗字も多いけれど、農耕儀礼から発しています。
歌垣《うたがき》、嬥歌《かがい》はこうした国見から派生したものです。春と秋の二回、若い男女が里におりて、他の村の男女もくわわって歌のやりとりをします。男から女に歌いかけます。女がその男に興味がなければ黙っています。気にいれば歌で応じ、酒を飲んだりしたあと、こころの通じた男女として結ばれたのです。

いつごろ、この歌垣が廃れたのかは推断しにくいですが、『続日本紀《しょくにほんぎ》』には天平六（七三四）年二月、平城京の朱雀大路で、歌垣がおこなわれたと記されています。聖武天皇が朱雀門から見物していたということです。このころが最後のようですが、終末期はショー化していたようです。

太古の時代を考えると、私に妄想が生じます。

日本人の原産地はアジア各地にひろがっていますが、主要なそれは、今日の中国・雲南省あたりだった気がします。当時の雲南あたりの人びとが揚子江をくだって下流の華南に定着したでしょう。そこに永い時間が経過し、華北の漢民族たちが揚子江流域の華南にやってきて、雲南をルーツとする人びとを圧迫しました。このため華南にいた人びとが難を逃れて北九州にやってきたのです。これは紀元前四世紀であったでしょうが、このとき、稲作と金属器がつたわったと思うのです。

揚子江の下流域から日本へやってきた人びとは、縄文人と通婚し、そのあいだにできた人びとが倭人とよばれたのだと思います。

私は、古代史に登場する「蝦夷」についても妄想があるのです。これは、大和政権に屈服しなかった東北地方の部族らしいですが、その系統について妄想が生じるのです。私には蝦夷は縄文人の子孫だと思われるのです。蝦夷は、弥生時代に入っても、水稲栽培をせず金属器をつかわず、あいかわらず山野をかけめぐって自然物の採集をつづけた縄文人の末裔であり、新文明に移行している倭人や弥生人から卑賤視されていたでしょう。

右の蝦夷がしだいに東へ、北へと追い詰められ、のちの世に「アイヌ人」という呼称がついたと思うのです。

第二章　酒と情事にふける貴族たち

藤原北家が摂政・関白を独占していき、兼家から道長の時代にこの父子は酒と情事に耽っていました。晩年の道長は、口が渇き、一メートルほど離れた人の顔が見えませんでしたが、酒からきた糖尿病だったようです。

古代日本の禁酒令とは……

奈良時代に酒を過飲していた僧といえば、道鏡をあげないわけにはいきません。

『続日本紀』が道鏡の野望について書いています。奈良時代でいちばん輝いていたのは聖武天皇の在位期間で、国分寺・東大寺が創建されて盧舎那大仏鋳造も発願されています。仏像は金銅仏が原則だから、銅像には金メッキをほどこさねばなりません。その金は輸入に依存していたのですが、天平感宝元（七四九）年、陸奥の国で黄金が産出したのです。聖武天皇以下、人びとは狂喜乱舞し、恩赦と改元まで実施されました。

聖武のつぎに、聖武の息子が天皇になるはずだったのですが、一歳になるまえに死去し、娘が皇太子になりました。

女で皇太子になったのはこのときだけです。それが聖武の娘、すなわち孝謙天皇です。孝謙天皇が三二歳で即位し、九年後に退位しています。母（光明皇后）の看病のためです。退位して六年たってからもう一度天皇になりました。このときは称徳天皇という名前です。女性の天皇だから未婚でした。

孝謙天皇として退位したころ、孝謙は病に臥していました。この前女帝を看病したのが道鏡だったのです。道鏡が呪術に長けていたことは有名でその秘術を看護に用いていたのかもしれません。病気が治ったとき、前女帝と道鏡は愛人関係にありました。父聖武も母光明も没していたので、前女帝を束縛する人がいません。称徳天皇として重祚《ちょうそ》してから、道鏡を重用します。『日本霊異記』は、称徳女帝と道鏡が紀州・和歌浦へ泊まりにいき、都の人びとが好奇の目をむけていると書いています。女帝と道鏡の愛人関係は一〇年近くつづいたのでした。

鎌倉時代のはじめに源顕兼が編集したといわれる『古事談』の開巻冒頭に、「称徳天皇、道鏡の陰なほ不足におぼしめされ、ヤマノイモをもって陰形を作り、これを用いしめたまふあひだ、折れ籠ると云々」と記述されています。

女帝は道鏡を太政大臣禅師にし、さらに法王にもしました。天皇にするつもりだったようですが、女帝が神護景雲三年に五三歳で没し、すぐ道鏡も下野《しもつけの》（栃木県）に配流され、そこの薬師寺の別当に下げられ、その地で二年後に病死しました。

奈良朝から平安朝にかけてのころ、朝廷は酒類をどう捉えていたのでしょうか。『続日本紀』の大化二（六四六）年の条に、「農作の月には田作りに励め、魚酒を禁ぜよ」と魚酒禁止令が農民にくだされているが、これが禁酒令の初見のようです。続日本紀の天平宝字二（七五八）年の条に「酔乱」禁止の詔勅が記されていますが、「酩酊による騒動」という意味でしょうから、酒が逸脱行為や疾病を引きおこしかねないという認識があったようです。

平安京の三代目、嵯峨天皇は弘仁二（八一一）年に、「農人（農民）が魚を食べ、酒を飲むことはけしからん」と詔勅をだしています。貞観八（八六六）年にも「振舞い酒をだしたり、無理強いしたり、群飲したりすることは、ご法度だ」と太政官符を発令しました。この時代は禁制といっても、農耕にいそがしい時期には控えよ、という努力目標のようなもので、多くの場合、あらかじめ届けさえだしておけば、飲酒がゆるされたのです。

七三二年から九〇〇年までの間に八回も禁酒令がだされていますが、この禁酒令が発令されていた時代に、天皇、皇族、貴族らは浴びるように大酒してどんちゃん騒ぎをしているのです。右の年代の八回の禁酒令は国民が一体となって、遵守しかつ実現していく法令ではなかったのです。

奈良時代から平安時代にかけてのころ、仏教の隆盛が因になって殺生戒というものがあらわれ、下々が肉食（魚を食べても獣肉は口にしない）をしないようにもとめられるようになりました。しかし、天皇家、皇室、貴族が獣肉をよろこんで食べており、この時代の飲酒と肉食に関する朝廷の方針は酷似しています。

平安京では桓武天皇の死後、平城天皇、ついで嵯峨天皇が位につきました。この当時、大化の改新で大功をおさめた中臣鎌足を祖とする藤原家が、南家・北家・式家・京家にわかれ、たがいに権力争いをくりひろげていました。

平安初期の朝廷にひどく妖艶な美しい女官がいました。式家の藤原薬子です。

薬子は、長岡京への遷都プロジェクトを推進した藤原種継《ふじわらのたねつぐ》の娘で、従三位に列せられています。薬子は長女が東宮《とうぐう》時代の平城天皇に嫁いだのを機に、自分も東宮宣旨としてつかえ、寵愛をえました。しかし、スキャンダルをおこして桓武によって追放されました。

大同元（八〇六）年、薬子は平城天皇が即位するとふたたび出仕して権勢をえたのでした。大同四年、平城天皇が病弱で退位し、弟が嵯峨天皇として即位します。勢力の失墜をおそれた薬子は兄仲成とともに平城上皇の重祚を画策し、旧平城京に移り住み、嵯峨天皇と対立しました。

弘仁元（八一〇）年、仲成は嵯峨の兵によって射殺され、薬子も毒杯をあおぎ自殺しました。仲成はひどく陰湿で酒癖がとても悪い男だったということです。量多く飲めば身近な人にからむことが多かったし、酔ってくれれば人柄が一変したようです。

藤原北家が摂政・関白を独占する家筋になっていく

嵯峨天皇は朝廷の内紛を教訓にして、秘密裡に天皇政治をすすめるべく、蔵人所《くろうどどころ》を新設し、北家の藤原冬嗣を蔵人頭に任命しました。

冬嗣は鎌足から数えて六代目です。こののち、北家の子孫だけが権力の階段を駆けあがって摂政・関白の地位につくのですが、そもそもの出発点は冬嗣がこの蔵人頭に就任した経緯にあるのです。

嵯峨天皇は明朗闊達ですこぶる積極的な人品で、酒を好み、酔いを好み、酒宴も好み、書にもすぐれて三筆に数えられていましたが、この向日性の人格にうまく接したのが冬嗣でありました。冬嗣が正四位の下左近衛大将だったとき、私宅に嵯峨天皇の行幸《ぎょうこう》をねがいでて酒宴をひらいたのですが、『日本紀略』によれば、天皇は感銘をうけ、漢詩をつくり、高吟し、にわかに冬嗣に従三位を、その妻に従五位下を授けました。

嵯峨天皇は精力家でもあり、子どもを生んだ妃嬪が二四人、子どもの数は、皇子二三人、皇女二七人という有様です。

冬嗣も頭がよくておだやかな人となりだったらしいですが、酒席をたくみに活用する術に長けていたのです。その後、冬嗣は自身の娘を仁明天皇の女御として入内させ、のちに文徳天皇になる道原親王の外祖父になりました。

ついで冬嗣の息子・藤原良房は、嵯峨天皇の娘を嫁にもらい、驚くべき大出世をかさねて太政大臣となりました。文徳天皇の没後、自身の娘・明子の生んだ惟人親王が九歳で天皇になったとき、皇族でないものとして、初の摂政となりました。これが清和天皇です。

良房は酒を飲み、酩酊におよぶと、悪辣な着想をする男で、若い一七歳の清和天皇に対して、すでに在原業平に嫁いでいる一門の女・高子を離縁させ、二五歳という当時としては大年増にもかかわらず妻として押しつけたのでした。

藤原の北家の氏の長者が、権力を掌握するために用いた方法が三つあります。

そのひとつは、外戚政策であります。天皇もしくは将来皇位につきうる東宮などに、みずからの娘を入内させ、子どもの誕生をまつのです。むろん男子にかぎられるわけですが、朝野をあげて男児誕生の祈祷会をひらいたりしました。皇子が即位すれば天皇であり、北家の氏の長者が天皇の母方の父ないし祖父になるわけです。

ふたつ目は、陰謀によって他氏排斥事件を引きおこすのです。すなわち、北家の行く手をさえぎるような名門貴族をはかりごとで闇に葬るのです。

良房は承和の変といわれる事件をおこし、伴氏・橘氏を没落させ、また、応天門の変でもうまく立ちまわったのです。こういう他氏排斥政策がふたつ目の常套手段なのです。

みっつ目は、宴席をたくみに活用して一族の団結をたかめ、皇室や公卿との親密化を促進させるのです。いわば酒宴政策で、権力の座をひっ掴むのでした。

良房の後継者は基経です。

良房の養子になった藤原基経は、幼くして皇位についた陽成天皇の摂政となりました。その後、天皇が成人したときに関白になりました。

一〇世紀になると、律令体制は解体し、租税は農民が国衙《こくが》から請作した公田のひろさに応じて賦課されるようになっていました。大宝律令や養老律令では、口分田のひろさと、成人男性の年齢区分に応じて負担されていました。つまり、一〇世紀になるにおよび、令は死文化しているのです。

他方、藤原北家だけが古代天皇制の枠組みのなかで、摂関を独占し、国司の任免権をにぎって荘園の富を集積していくのです。地方に武士がおこり、しだいに力をつけていくのですが、貴族はこれを抑えることができません。

北家に摂関が常置されるようになったのは一〇世紀の末でした。これから後は、北家の内部において骨肉の死闘がくりひろげられていくのです。

藤原師輔の子である兼通と兼家の兄弟が激しく争います。ふたりの兄弟の争闘ぶりは『大鏡』が詳しく描いています。

兼通は大酒飲みとして聞こえ、同時に色情狂といっていいほどの女好きとして名を馳せています。兄兼通（関白）が病床につき重体となったとき、弟兼家は兄が死んだものと思って関白の官職を請いに朝廷にでかけ、一方、兄兼通は弟にだけはあとを譲れるものかと依怙地になり、ライバルの藤原頼忠に譲ったのです。

骨肉相食む争いとしては、関白藤原道隆の子・伊周と関白藤原兼家の子・道長の叔父と甥の戦いもあります。

これらの暗闘によってみえざる鮮血が貴族間でおびただしく流されました。

藤原氏内部の死闘は、道長の勝利に帰着したのですが、その勝因は道長の無比の胆力と意志の圧倒的なつよさにあったのです。道長を現代人として捉えてもものすごい人物であるのは確かなのです。

道長は長徳元（九九五）年に右大臣と内覧にすすみ、翌年には左大臣に昇進しました。さらにその翌年には娘・彰子を一条天皇の妻におくって、やがて皇后にあたる中宮の位につけました。

道長は、彰子をふくめて四人の娘をつぎつぎと皇后や皇太子妃に立て、権力をひとり占めします。後一条、後朱雀、後冷泉の三代の天皇は、道長の外孫にあたり、道長から摂政を継承した頼道も、この三天皇の時代に約五〇年の長きにわたって、摂政、関白を歴任したのです。

藤原良房は、冬嗣の三男でありましたが、長男は長良といいました。紫式部の家系は、冬嗣のながれにあり、具体的には長良から数えて六代目です。

紫式部は『紫式部日記』で、道長の邸宅や人間模様を精妙に描写しています。

『紫式部日記』に描かれた道長の素顔

一条天皇の中宮である彰子が、出産が近づいて実父の邸宅に帰っています。そういう環境のなか、紫式部が中宮につかえるのです。道長の邸宅は絵のように華麗です。南北二町、東西一町を占める広大な敷地に美しい寝殿造りが建っている。

庭には鯉の泳ぐ池があり、池畔や中島には樹木がしげり小鳥がさえずっています。

初孫をだきあげて有頂天になっている道長の相貌を紫式部が描写しています。

寛弘五（一〇〇八）年一一月一日、邸内で孫の誕生五〇日目の祝賀行事がおこなわれます。秋晴れの下、管楽器と弦楽器が繊細な美しいしらべを奏しています。

道長が四二歳、紫式部が三六歳です。三〇余人の女房が着飾ってあつまり、にぎやかな声が聞こえてきます。大臣、大納言、少納言も祝いに駆けつけました。

公卿たちが渡り廊下の橋の上にいて、乱酔して大騒ぎをしています。道長も公卿たちと盃のやりとりを重ね、酔い潰れていきました。紫式部は、昼すぎからはじまった祝賀会も、終わってみれば月の輝く夜半であったと記しています。

『紫式部日記』には道長邸に出仕するようになった和泉式部の身の上も述べています。もちろん、和泉式部とは『和泉式部日記』の作者のことですが、『紫式部日記』には道長が和泉式部の袖をにぎって「浮かれ女！」と鉄槌をくだす場面が描写されています。

和泉式部の男関係は派手で、藤原保昌、為尊《ためたか》親王、橘道貞、敦道《あつみち》親王らと浮名をながし、淪落したり、あるいは結婚したり、同棲したり……と奔放な生き方をしたために世間の非難がましい好奇心をあつめています。「浮かれ女！」という評価は当たっていますが、道長自身も酒と女に目がなかったのだから道学者風の口はきけません。

藤原師輔は、冬嗣から数えて五代目の北家の氏の長者であり、一一人の男子がいたのですが、そのうち五人が太政大臣になりました。

兼家は、師輔の子で、一〇歳で昇殿をゆるされました。次兄兼通より昇進が早かったものです。のちに摂政、関白になります。

兼家は、人臣として最高の栄誉をきわめたものの、自分の孫である天皇や東宮をまえに傍若無人にふるまい、世間の批判をうけていたので、兼家の権力の座は永つづきしなかったと『大鏡』がつたえています。

摂政・関白として輝く兼家の女癖のわるさ

兼家は、酒を飲むと女に関する理性を喪いました。そういう人品だから、子を生ましめた女も多かった。兼家の子どもは、女の子四人、男の子五人でありましたが、そのうち、道隆、道兼、道長の大臣三人と超子・詮子は同腹であり、藤原中正の娘、正室の時姫が母であったと大鏡が述べています。

それから「対の御方」という女が生んだ綏子《すいし》という女子がいます。この綏子という女子は容貌がひどく美しく、絹糸を撚りあわせたような頭髪をしていて、派手な顔のつくりで、濃い化粧をしていたとつたえられています。

「対の御方」とは太宰大弐国章の娘で、要するに兼家の妾です。源頼定が綏子と密通し、妊娠し、それが発覚したので、頼定は昇殿をゆるされなくなりました。

兼家は綏子をいつくしんで育ててきましたが、三〇歳で死にました。

長女超子は、冷泉天皇の女御となり、三条天皇・為尊親王・敦道親王の母となりました。為尊親王と敦道親王は、和泉式部を相手に狂熱の恋におちるのでした。

兼家は、藤原倫寧《ともやす》の娘で、道綱の母になる女にも寵愛をそそぎましたが、この女は苦しみぬいたためでしょうか『蜻蛉日記』を書かずにはいられなかったようです。兼家との結婚から筆をおこし、兼家との不和、あきらめ、道綱への愛などを二一年間にわたって日記風に書きました。

道綱は、大納言・右近衛大将にまでなりましたが、母はきわめつけの和歌の名人で流麗な日記をものしました。道綱の母は、夫兼家が結婚二年目に、早くも小路の女に通っているという噂を聞いていたので、兼家が自分を訪問してきたとき、門をなかなか開けなかったのです。道綱の母は、

　嘆きつつひとり寝る夜のあくるまはいかにひさしきものとかはしる

と歌いました（あなたは門をあけるのが遅いといって、たびたび催促なさいますが、あなたのおいでがとだえて嘆きつつ一人寝る夜明けまでの間は、どんなに待ち遠しく思われるものか、ご存じでしょうか）。兼家も返歌を詠みました。

　げにやげに冬の夜ならぬ槇《まき》の戸もおそくあくるは苦しかりけり

という心根でした（なるほど、あなたがいう冬の夜長を待ち明かす辛さはもちろんだが、槇の戸のあくのが遅いというのも、じつに辛いものですよ）。

兼家の三男は道兼であり、関白になりました。四男は腹ちがいの道義で白痴であったために出仕のできない一生を送りました。この道義を生んだ女が「小路の女」であったのかもしれません。要するに、兼家は、四、五人の女に九人の子を生ましめたのでしょう。兼家には子を生ましめた女とは別に、柳の枝に和歌をむすびつけたりして、たらしこんだ女も生涯にわたって相当数いたのでしょう。

道隆は道長の兄であり、摂政・関白を歴任した男だが、大鏡は、「御かたちぞいと清らにおはしましし」と評するとともに、酒の飲みすぎによって死んでしまったと決めつけています。道隆はハンサムな公卿で大酒家だったのです。この人物は、済時《なりとき》、朝光という無二の飲み友達をもっていましたが、あるとき、ふたりの飲み友達と賀茂の祭を見物にいきました。しかし、三人そろって大酒を飲んで失態を演じてしまうのでした。車で向ったのですが、簾《すだれ》をまきあげ、冠もぬいで、裸になってしまったのです。

『古事談』も道隆らは大酒飲みであり、賀茂詣りのとき、したたかに酔っ払い、車中に寝、冠が落ちてしまったと述べています。

道隆は日ごろから賀茂詣りを格別重視していました。普通は下賀茂神社の社務所では、かわらけ（土器）にお神酒が三杯ときまっていたのですが、神主がこころえていて、道隆に大土器にて七、八杯をついだのです。

上賀茂神社についたころには、道隆は車のなかで裸になって仰向けに寝転がって、前後不覚になっていたということです。参拝客たちは醜態に目をそらしました。

また、あるとき、飲み友達の朝光の邸宅で昼に酒をひどく飲み、そのままふたりとも寝込んでしまったが、道隆は布団を蹴とばし、秘部も隠さず裸になっていたのでした。

不惑になっても飲みつづけ、失態を演じつづけて道隆は四二歳で薨じます。

道隆は今日風に診ればアルコール依存症であったでしょう。その死因は脳卒中か急性心不全か、いずれにしても大酒に原因するものであったのです。

最高権力者でありながら来世に救いをもとめる道長

藤原道長は二二歳のとき、源雅信の娘、一歳上の倫子に求婚しましたが、父雅信が反対し、母親はよろこんで受け入れました。父親は皇族の妃として高い値がつくと踏んでいたようですが……。道長は二三歳のとき、二五歳の倫子と結婚し、永延二（九八八）年には左大臣・源高明の娘明子も貴族の風として夫人にむかえました。

倫子との間に七人、明子との間にも六人の子どもができました。一方では遊女とも馴染んでいたようです。『古事談』には道長が遊女とも馴染んでいて、彼女たちが小舟で近づいたとき、道長が衣服をあたえたという記事があります。

道長はものすごい速さで、出世街道を奔りぬけて左大臣、太政大臣、摂政となり、藤原北家の絶対的な黄金時代を現出したのです。

親戚の藤原実資《さねすけ》が『小右記《しょうゆうき》』に書きます。


「今日女御威子《いし》を以て、皇后に立つるの日なり。……（太閤）又云く、『誇りたる歌になむ有る。但し宿構《しゅっこう》に非ず』者《てえり》。『此世をば我世とぞ思ふ望月のかけたることも無しと思へば』。余申して云く、『御歌優美なり、酬答《しゅうとう》に方無《すべな》し。満座ただ此の歌を誦《じゅ》すべし……』」と。


祝賀会にあつまっている公家たちは、酒を大盃でまわしながら道長の歌をくり返しくり返し唱和したということです。

道長は老いて、古代終末期にひとつの観念になっていた浄土に憧れるようになっていました。寄進地系の荘園の最大の本所として、わが国においてもっとも裕福かつ最大の権勢をもつ身でありながら、現世の望みを絶ち、来世に救いをもとめる信仰をもつようになっていたのです。『御堂関白記』によれば、満月のような完璧な権勢を入手している藤原道長でさえ、この世の儚《はかな》さを体得して来世のしあわせを祈っていたのです。

道長は寛仁四（一〇二〇）年に浄土教による阿弥陀堂を建立していましたが、万寿元（一〇二四）年に落慶とともに法成寺《ほうじょうじ》と改称しました。道長がすべての富貴をかけた法成寺は、青瓦と瑠璃《るり》の白壁をもつ金堂を水晶でかざり、池には人工の蓮の花を咲かせ、人びとをして極楽浄土を想わしめたといいます。

『栄花物語』によれば、道長は死を覚悟したとき、同寺の阿弥陀堂を臨終の場にえらび、目に阿弥陀堂を見、耳に念仏を聞き、こころに極楽を想い、阿弥陀仏の手にある五色の糸をにぎって息をひきとったといわれます。享年六二歳でした。

道長も相当の上戸だったようです。法成寺金堂供養の日（治安二年七月一四日）、「健康と仏事にいそがしく、酒席に久しく出ないできた」といって涙を落としたと文献史料にありますから、過剰飲酒がつづいて健康を害していたのでしょう。ずっと飲んできた人が禁酒に踏みきる背景には相当の問題がひそんでいることが多い。

健康的な飲み方をつづけ、生涯にわたって飲むような人は禁酒などしないものです。禁酒の裏には病気があることが普通です。

道長は口が渇いてもしきりに飲酒し、顔色が悪くなったと日記に書いていますし、一メートルほど離れた人の顔も見えないほど視力が低下したこともあります。おそらく酒からきた糖尿病であったと思われます。

倫子の花のように華麗な生涯

晩年におきた娘の死も道長に深刻な苦悩をもたらしていたでしょう。二年前に小一条院《こいちじょういん》妃の寛子（明子腹）と敦良親王妃の嬉子をわずか一か月たらずの間に喪っていたのです。

倫子は、頼道・教道・彰子・研子・威子・嬉子などを生み、道長が摂関政治を完成させるのに大いに貢献しました。

治安三（一〇二三）年、六〇賀の年に、摂政、関白、大臣、国母、皇妃となった子どもたちに祝福され、無上のしあわせを感じました。天皇の外祖母として、従一位を叙され、道長の亡きあとも長寿をたもち、七五歳で出家し、九〇歳で永眠しましたが、玉の輿を地でいったような華やかな一生でした。

平安時代も朝廷による酒造を基本としながら、寺社も貴族も官人も酒をつくっていました。下々も前時代と同じように、蒸した米と麹と水を甕にいれ、それらを混ぜて醸造させた安酒を飲んでいました。

朝廷の酒造に関しては、大内裏の一画に造酒司《さけのつかさ》があり、造酒正《さけのかみ》が指揮し、造酒佑《さけのすけ》が補佐していました。宮中の酒宴は、公卿たちが威儀をただして飲む「宴座《えんざ》」と無礼講的な「隠座《おんざ》」に分かれていました。

古い時代は、日本だけでなく外国でも、家庭で酒を管理するのは女の役割でした。一家の中年期以降の主婦の尊称である「刀自（とじ）」には元々、酒を管理する人という意味がありました。江戸時代の末期になってから、酒づくりが専業化するとともに分業化しました。この酒造集団の長が、杜氏（とじ、とうじ）であるが、その語源は刀自にあるといわれています。

平安時代のわが国は、鎖国に似た国際的な孤立におちっていました。また、天皇や貴族は狭い平安京だけを活動範囲としていました。こうした要因から視野狭窄《きょうさく》が生まれましたが、反面、天皇以下の平安貴族の生活が洗練され、その文化が開花したというプラスの側面もあります。国風文化の優美な開花は、カタカナ、ひらかなの発明があったからこそのもので、日本は中国の漢字文明圏にある周辺地域ではじめて、独自の音標文字を創りだし、漢字と併用することで、本場中国よりも豊かな言語表現が可能となったのです。

平安貴族たちは視野が狭く、社会全体を展望する能力に欠けていました。さらに平安貴族たちは、世襲的身分にたよって生きていましたから無気力になり、目に見えない悪魔が人の運命を支配しているという認識をもつようになっていました。それが怨霊《おんりょう》、もののけであり、物忌みや方違《かたたがえ》えという迷信的行動であったのですが、酒については皇族も貴族も民衆もよく飲んでいたと思われます。視界が狭窄に陥っていても、生活が困窮していても飲むのが酒なのです。

白河上皇の主我主情ぶりを見よ

摂関政治が衰退してから院政の時代に突入します。

宇多天皇以来一七〇年ぶりに藤原氏を母方の外戚にもたない天皇が、治暦四（一〇六八）年に即位しました。後三条天皇です。この天皇は自由に羽ばたくことが可能になったわけです。後三条天皇は摂関家によって冷飯をくわされていた受領層を結集し、大江匡房《おおえまさふさ》らの近臣の補佐をえて親政をおこないました。天皇は翌年、延久の荘園整理令をだし、記録荘園券契所をもうけました。荘園領主から証拠文書をださせて審査のうえで基準にあわない荘園を没収しました。

当時における正式な荘園は、正確にいえば、「官省符荘《かんしょうふしょう》」といいます。官とは太政官のことであり、省とは民部省のことです。奈良時代から平安時代は律令制度で運営されていましたが、それは公地という大原則を掲げていました。つまり、土地の私有を認めない体制だったのです。荘園とは公地の大原則をひん曲げた私有農地のことです。こうした荘園のうち、官省符荘とは、「この荘園は政府に税金を納めなくともよい」ということを太政官の官符と民部省の省符でもって認められた荘園のことです。この特権をえるには政治的コネが必要でした。

右の荘園整理令にもとづく審査によって摂関家が大打撃をうけたのです。

後三条天皇は在位四年で皇位を白河天皇に譲りました。

この白河天皇は、応徳三（一〇八六）年、八歳の堀河天皇に譲位した後も、上皇としてその御所である後院で政治の実権をにないます。ここに院政がはじまり、つづく鳥羽上皇・後白河上皇も院政をおこないました。白河上皇の院政は、三代にわたり四三年におよびました。鳥羽のそれは三代二七年、後白河は五代で三四年になりました。

つづいて白河上皇は堀河天皇の皇后に自らの同母妹の篤子内親王をたてます。入内《じゅだい》の日、堀河天皇が一三歳、皇后が三二歳でありまして叔母・甥の続柄で、ひどく濃い近親婚のためか子どもは生まれませんでした。

そこで白河上皇は別の若い娘を天皇の女御に入れたのですが、皇子が生まれました。この皇子が堀河天皇崩御の嘉承二（一一〇七）年に即位し、鳥羽天皇になるのです。

院政をおこなう上皇を「治天《ちてん》の君《きみ》」といいます。天下を治めている君主という意味です。上皇たちは天皇の実父として、政治的制約のすくない立場から太政官をうごかして政治をおこない、摂関家を圧倒してしまいました。

白河上皇が没したとき、権大納言《ごんだいなごん》であった藤原宗忠《むねただ》は、上皇の生涯をかえりみて、『中右記《ちゅうゆうき》』に「後三条天皇が崩ぜられてのち、天下の政をとること五七年、意にまかせ、法にかかわらず叙位・除目が行われた」と書いています。

人事案件についてルールを守らず、好き嫌いでやったというのです。

白河上皇はいわゆる「両刀使い」としても有名で、いろいろ浮名をながしています。藤原顕《あき》季《すえ》と男色（同性愛）関係にありましたし、その子長実とも同性愛関係がありました。院の近臣として知られる藤原宗通や藤原盛重、平為俊はいずれも男色における白河上皇の愛人でした。『古事談』によると、白河上皇が忠実に酌をされ、返盃があり、上皇がアッという間に酒を飲んだと述べられているから、上皇は上戸であったようです。そのころの盃は小さいものでも三、四合が入るものだったのです。

やはり『古事談』は白河上皇の主情主我ぶりをつたえるエピソードを載せています。上皇が法勝寺を完成させて供養しようとしたら雨がふり、延期することになりました。つぎの予定日も、そのつぎの予定日も大雨が降りました。とうとう四度目に決行しましたが、その日も雨天でした。激怒した上皇は、雨を器に受けさせ、この水を獄に投じたという話を載せていますが、事実だったようです。

白河上皇は身分のひくい卑しい女を寵愛し、その女をして妃のように振る舞わせることが多々あったのです。平清盛は白河上皇が下級の官女に生ませたものという説には信憑性があります。実父が白河上皇で、母は祇園女御の妹であると断定する歴史家もおられるのですが。

白河上皇は藤原公実の娘である璋子《しょうし》を養女にもらいうけ、一日中、猫かわいがりをしていましたが、一七歳になったとき璋子を孫の鳥羽天皇（一五歳）に入れました。一年あまりで男子が生まれたものの、実父は白河上皇なのです。その理由は、鳥羽天皇がこの男児を「叔父子（おじご）」とよんでいたからです。

白河上皇は、五歳になった右の男児を東宮に立て、即日、崇徳天皇としました。『古事談』には崇徳の実父は白河上皇だとする見解が記載されていますが、私は「叔父子」というのは誤聞で、「御爺子」と鳥羽天皇が発声していたと思うのですが……。また鳥羽天皇は、まだ二〇歳という若さであるのに白河上皇の圧力をうけて退位させられました。この怒りが、白河上皇の死後に崇徳天皇にむけられて大乱の原因になっていきます。

『続古事談』に載せられているように、このあと藤原家成と男色の関係に入っていきます。仁和寺舎利会へいくとき、鳥羽天皇は女車に乗って見物したのですが、人びとは呆れました。鳥羽天皇にはこういう常識はずれの行動が多々あります。

上皇になってからは贅沢になります。この上皇には芸術的な天賦の才があり、公家の服飾や皇室の衣冠束帯までを一変させて今日までその服制がつづいています。

催馬楽《さいばら》や笛にも熟達していましたし、元々北面の武士である西行をひきたて、歌人として成功させたりしています。鳥羽上皇の院政は二七年間の長きにわたったのですが、後宮の女の数が記録的に多かったものです。美福門院を熱愛したのですが、女を好みました。

白河院政のあとを継承したのは鳥羽上皇ですが、鳥羽上皇は白河上皇に憎しみを抱いていますが、それは既述したとおり、中宮璋子が生んだ「叔父子」に起因しています。白河上皇が没して朝廷の空気が一変します。鳥羽上皇は、崇徳天皇（「叔父子」）に替えて近衛天皇としました。崇徳天皇は鳥羽上皇を恨んだことでしょう。

鳥羽院政において嘱望されていた近衛天皇は、弱冠一七歳で死去し、このころから摂関家の人事をめぐる内部対立が深刻になっていきます。

「比類なき暗主」と貶められていた後白河天皇

近衛天皇が薨去したあと、二九歳の後白河天皇が即位することになります。この後白河天皇の在位二年目の保元元（一一五六）年、鳥羽上皇が崩御し、その九日後に保元の乱が火を噴きました。

皇室と摂関家の内紛の火種が、鳥羽崩御を契機にして大火となったのです。要するに、鳥羽上皇に恨みをもっていた崇徳上皇に対し、鳥羽を継承した後白河天皇が戦います。そして前者には藤原忠実、藤原頼長が、後者には藤原忠通が連携して戦います。戦いはたった四時間ほどで勝敗がつきましたが、血戦を身近に見た都人の興奮には大きいものがありました。天皇方が勝利したのだが、実際に戦ったのは武士たちでした。

古くから武士は、「さぶらい」（さぶろう者）とよばれ、主人につかえ、主人の身を守ることを任務としてきました。北面の武士というのも、とどのつまりは上皇の親衛隊でありました。こういう武士たちが、歴史の曲がり角で活躍して勝敗を決めたのが保元の乱であったわけです。

後白河天皇方の勝利に貢献したのが、平清盛、源義朝でありました。三年後に源義朝が後白河の近臣である藤原信頼と組んで、平清盛・藤原通憲（信西）に戦いを挑んだが、これを平治の乱といいます。

義朝方が敗北し、頼朝は伊豆へながされましたが、このふたつの乱は、皇室と摂関家の内紛も、武士の力なしには解決できないことを露呈し、いっきょに清盛の政権への道をひらいたのでした。

後白河天皇は「比類なき暗主」と貶《おとし》められてきました。誰とも比べられないほどの大バカ者という意味ですが、実際、今様（流行歌）に狂うわ、大酒を飲むわ、遊女に入れあげるわ、男色にふけるわ、それはそれはたいへんな天皇です。

後白河天皇は、保元三（一一五八）年、二条天皇に譲位し、上皇となって、以後五人の天皇の代に院政をおこないます。「比類なき暗主」と評したのは藤原通憲《みちのり》で、院の近臣でしたから日ごろから身近に仕えており、よく観察していたと思われます。後白河天皇は、側近からの酷評をあびながらも、朝廷の権威を維持することに力をつくします。

後白河は、公卿や殿上人をつれて、毎日毎晩、酒宴をひらき今様狂いを地で示しました。朝も昼もしたたかに酔い、夜も悠然と盃をかたむけ、斗酒をなお辞さないのです。たいへんな美声のもち主と評されて、今様に生きがいをおぼえています。今様の歌詞をあつめた『梁塵秘抄』は後白河が撰をしたものです。

今様には、遊女・白拍子・傀儡子《くぐつ》がつきものですが、後白河はこの三者と深くかかわって生きていました。ある夜、朝廷の宮殿には京都中から参集した遊女たちがひしめいていました。また一方では後白河の男色も貴族社会では有名でした。藤原兼実の『玉葉《ぎょくよう》』が、後白河と摂政の藤原基通《もとみち》は男色関係にあると述べています。

東京大学の五味文彦氏は、『院政期政治史断章』で、院政時代には同性愛が盛んであって、同性愛が政治と密接していたことを明らかにされた。後白河は、院の近臣の藤原信頼と同性愛の関係があり、藤原成親とも同性愛の関係があったのです。

それ以外では、摂政・関白の藤原忠通は、範家と男色にあり、寸暇を惜しんで勉強していた藤原頼長の男色の相手は貴族から底辺までその数はひどく多かったということです。

平安京の大内裏でいろいろな儀式がおこなわれていましたが、宮中の公式の酒席はどんなものだったのでしょうか。

醸造した酒はまず神にそなえ、それを全員でいただく。これを直会《なおらい》というが、これによって結束を固めるのです。

節会では天皇が飲み、臣下一同も飲み、天皇の力を確認します。一月一日の朝賀の儀式が終ると、紫宸殿において酒宴となります。天皇、親王、公卿らが列席するなかで三献の儀となり、まず天皇にアワビの吸い物、御食、御菜が供され、臣下にも配膳がなされます。一献目に吉野地方の国栖人《くずびと》が笛を奏し、また二献目、三献目にも雅楽が奏されます。

宣命が読まれ、節会《せちえ》が終ります。饗宴では三献が基準になっており、これが鎌倉期の武家の

「式三献」になっていきます。なお、朝廷の三献の儀は、唐の酒の儀式に由来するものです。

平氏一門、壇ノ浦の波間に消ゆ

平治の乱は、天皇・上皇や摂関家の無力さが底なしのものであることを満天下に暴露しました。古い時代の権力者が武家に頼るようになり、たとえば後白河上皇は平清盛に接近するし、逆に清盛も院の近臣になろうとします。

清盛のイメージからは大酒家のように思われるのですが、清盛が酒を飲む人だったかどうか、飲むならどの程度飲んでいたか、また飲酒にまつわる裏話がないか、そういうことで文献史料を渉猟しても見つけることができません。

清盛は平治の乱の翌年から八年間に、参議から出発して検非違使別当、権中納言、兵部卿、権大納言、内大臣と出世の階段を駆けあがりました。こうしたことは、時代の転換期とはいえ、清盛が白河上皇の落胤《らくいん》でなければ、実現しないことでしょう。

清盛はその上、娘徳子（建礼門院）を高倉天皇の中宮に入れ、その後、安徳天皇の外祖父になりました。清盛の出自は武士ですが、朝廷や官位・官職へのおもねりは貴族そのもので、これでは地方武士から信任を得ることはできなくなります。

平氏政権の本質は貴族的なものだったのです。

全国の武士たちの力と願いを結集して、古い権力者を倒して成立したものではなく、武力と血統を誇示する古代的な手口によって誕生した政権であった。

六波羅殿の御一家の公達《きんだち》といひてしかば、花族も栄耀も面をむかへ肩をならぶる人なし。されば入道相国のこじうと、平大納言時忠卿ののたまひけるは、「此一門にあらざらむ人は皆人非人なるべし」とぞのたまひける。

平氏一門は、日本六六か国のうち三〇か国の知行国を独占し、全国五〇〇余か所の荘園を領有していました。平氏政権が知行国を独占し、荘園もひとり占めしていたので、共通の利権に根ざした古い権力者である天皇、上皇、摂関家、大寺社の平氏政権に対する憎しみには激しいものがあります。

清盛は、後白河上皇から国政の実権をうばい、既述したように娘徳子（建礼門院）を高倉天皇の中宮にいれて、自身の孫にあたる安徳天皇を即位させます。

高倉天皇というのは、後白河上皇の息子で清盛の娘婿であり、清盛のロボット天皇に終始し、七歳で即位し、一九歳で清盛の外孫である安徳天皇に譲位し、二〇歳で死にましたが、生前、この薄命の天皇は清盛と後白河法皇との反目の間に苦しみぬきました。

一方、上皇の息子である以仁王は、反平氏の憎しみに燃え、源頼政とともに、平氏を倒そうとします。結局、以仁王らは失敗しましたが、源頼朝らが平氏打倒の兵をおこすのです。清盛は、平安京の貴族、興福寺、延暦寺の支持を得ることができず、孤立と焦燥をふかめていきます。そして、平氏は安徳天皇をつれて西へ西へと敗走していき、京都の後白河上皇は、後鳥羽天皇を立てて政権を維持します。

頼朝は平氏の軍勢を連破し、西へ西へと追いつめていき、文治元（一一八五）年に壇ノ浦で平氏を滅亡させます。

『平家物語』が安徳天皇の入水のくだりを描写しています。

主上、今年は八歳にならせたまへども、御年のほどよりはるかにねびさせたまひて……（中略）……そののち西にむかはせたまひて、御念仏ありしかば、二位殿やがて抱き奉り、「浪のしたにも都のさぶらふぞ」となぐさめたてまつって、千尋の底へぞ入りたまふ。

第三章　もののふが一杯の盃に命を賭けて

中世（鎌倉期・室町期）には武士が政権をにぎり、公家は衰えていきますが、産業が興って、その結果として酒がよく飲まれます。諸白が今日の日本酒の祖型になっています。民衆にとっては希望や生きがいがあった時代です。

頼朝は御家人を慰労するために酒を活用する

源頼朝は、現代のビジネスマンのように仕事で飲むことが多かった。武士の政権を創る過程で兵たちを慰労して飲み、激励したり叱咤したりして飲み、腹をさぐって飲んでいました。だから酒量は底がなかったのです。そうでないと征夷大将軍にはなれません。頼朝は治承四（一一八〇）年二月、富士川の合戦に勝った直後、鎌倉に新しい城塞を築き、そこに御家人に命令を発する侍所を設けます。元暦元年には政所、問注所も置きましたが、新時代の指導者としての声望も高まるとともに、大中小の武士団の棟梁たちを配下に組み入れるために酒宴がふえていきました。

『吾妻鏡《あずまかがみ》』は鎌倉幕府の事績をしるした史書で、編者が幕府の家臣らしく内部の動きに詳しい。同書は、頼朝が元暦六年四月から六月にかけては特に多忙で、連日酒宴をひらいていると記しています。六月五日も、

「鎌倉逗留中の平頼盛のために酒宴を催し、食事は美味に調え、金銀を数限りなく、また何枚も美しい織物を献上された」

とあります。自分の支配下に入ってくれることになった棟梁たちに、酒をたっぷり飲ませ、また土地をあたえ、あるいは馬や織物を献上し、高くもちあげていくのです。自分の家臣とい

うのは幕府をささえる御家人なのですから。

頼朝は革命を成しとげた男であり、軍事政権の創業者だから飲むのが仕事という一面があります。頼朝は、飲みながら御家人たちから思惑なり要望なりを聞きだすという役割に徹していて、自己慰安の飲み方など知らない間に他界したようです。

『吾妻鏡』の元暦元年六月一六日の条には一条忠頼に対する接待が述べられています。頼朝は、忠頼と差しで着座します。その場には、おもな御家人たちが数人同席しました。頼朝の側近も顔を見せていたことでしょう。『吾妻鏡』の文章によれば、最初は式三献ですすみます。一献目の盃は、頼朝と相伴役によって酌がなされます。頼朝が忠頼に盃を献上し、相伴役がいちばん上座の御家人に酌をします。もちろん大盃です。飲み終われば、忠頼の盃は北側の人に、御家人の盃は南側の御家人にわたっていきます。順送りに大盃が下座にまわっていくのです。

鎌倉時代の酒宴では、まず肴が勧められ、客がそれを食べるのです。それから盃の酒を飲むのです。これが一献目です。また盃がまわってきたとき、別の肴を食べ、酒を飲むのです。これが二献目の盃事です。三回目の盃がまわってきて、また肴を食べ、酒を飲みます。以上が式三献で、酒をつかって忠誠を確認していた。要するに、まわし飲みですが、ときには十数献になることもありました。

式三献が正式な酒宴であり、その後は無礼講になりますが、主君がカミシモを着ている前半部分だけは作法にのっとって飲まねばなりませんでした。

すでに書いたことですが、式三献は、平安時代の宮中の節会に源流があります。天皇が元旦などの正式な宴席で、親王、大臣、公卿と盃のやりとりをした儀礼、すなわち「三献の儀」に由来します。「三献の儀」も唐の長安における飲酒儀式をまねたものなのですが、無礼講も宮中の慣行をうけついでいます。作法にのっとった正式な飲み方が終ったあとでは、天皇も親王も公卿もわいわい騒ぎながら冠も笏《しゃく》も投げ棄て、肩も露わにして、奇声をあげ、口角《くちかど》泡をとばして飲んでいたのです。

御家人の名簿《みょうぶ》を頼朝にささげることが封建制度の根幹をなすものと解釈されていますが、これにしても平安朝以来の臣従の儀式を継承したもので、もとはといえば唐から来ています。また、俗にいう「駆けつけ三杯」にしたところで式三献の亜流なのです。

元暦元年六月一六日、頼朝が忠頼を迎えた酒宴も『吾妻鏡』によれば、式三献がすむと、無礼講になっています。同書を読んでいくと、文治元（一一八五）年一一月二八日のくだりに、「（頼朝が）守護・地頭を補任し、荘園、公領を問わず、反別《たんべつ》五升の兵糧米《ひょうろうまい》を課すことを（朝廷が）認めるように（頼朝が）申し入れた」とありますが、ここが重要です。一一九日のくだりに、右の頼朝の申し入れについて、「後白河院が認めた」と記されています。守護・地頭の設置によって地方行政が根本的に変化していきます。

数世紀にわたって公領については国司→目代《もくだい》→郡司という縦ラインで治めてきたし、荘園については荘園領主→荘官という命令系統で治めてきました。

そこへ頼朝が強大な軍勢を背景にして、守護・地頭なるものを押し込んだのです。新たに頼朝に認められた守護は、国司や荘園領主の権限を侵すものであり、やはり頼朝に与えられた地頭も、郡司や荘官の任務と抵触するものなのです。

守護・地頭は、頼朝にすれば、鎌倉から放つ飛び道具のように国司や荘園領主の息の根をとめかねないものです。要する、日本の農村部において、御家人たちが荘官や公領役人に命令する事態になったということです。

頼朝はまた、封建制度という名の、土地を媒介にした、御恩と奉公の主従関係をはじめました。奉公とは、京都大番役、鎌倉番役をつとめ、ときには命を賭けて主君のために戦うことをさします。御恩とは、土地支配の権利を認めたり、土地を新たに与えたりすることをいいます。

古くから武士には階級的な願望がありました。

班田収授の法がくずれて荘園ができたころ、一〇世紀はじめから、武士が起こったのですが、武士たちは、自分が耕作している名田の所持を認めてほしいという願いをもっていました。すなわち、名田とか墾田とかいわれる土地の所持を権力によって公認されて、そこに荘園領主の支配がおよんでこなくなり、国司による労役負担も免除され、さらには新しい土地もあたえてほしいという願望が武士たちにあったのです。

武士たちの階級的な願いこそ、平安中期以降の政治をうごかした最大要因なのです。

平清盛はこの武士の願いに耳を傾け、武士階級の利益を追求することをしなかったから、滅亡しなければならなかったのです。頼朝が守護・地頭の補任権を後白河に認めさせたのはすごくリアルな政治的発想であり、その瞬間に万余の武士たちを味方にひき入れたということです。兵糧米にしても、公領や荘園領主の権限を侵しつつ、御家人の立場を確かにするもので、頼朝の現実認識力には抜きんでたものがあります。

鎌倉殿が御家人層にあたえた本領安堵《ほんりょうあんど》と新恩給与も、武士にとっては数世紀にわたって待ち望んできた願いだったのです。頼朝政権というのは、農地に対する現実感と庶民の倫理観が横溢しており、なかなか純情な権力であったといえます。

武士たちと酒を酌みかわして、願いや利益をおもんぱかってきた頼朝はこうしたことで、中世への扉をひらいたのです。

平清盛は右のようなことを武士たちに対して認めたり、与えたりすることがなく、逆に貴族さながらに高位高官や知行国を独占することで武士の反感を買っていたのです。

律令や格式によって名田や墾田の所持は認められなかったのですが、頼朝は京都朝廷ときびしく対峙しつつ守護・地頭の補任権を認めさせ、所領の保持を保証し、新たに土地を与えたりします。

静御前が白拍子の姿で舞を舞った

『吾妻鏡』の六巻、七巻が義経とその愛人静の消息も詳述していますから、当時もふたりに対しては世間が大きな関心をもって見守っていたのだと思います。

文治二（一一八六）年三月二二日、頼朝から義経のゆくえを尋問された静は、居場所をしらないと答えました。

四月八日、頼朝は政子とともに鶴岡八幡宮に参拝しました。そのあと、静は頼朝に要請された通り、拝殿にて白拍子の姿で舞を舞います。それまでも舞うようにいわれてきたのですが、気分や体調のわるさを理由に断ってきたのです。ほんとうは義経の愛人として表立った場にでることに大きな恥辱を感じてきたからです。

静の歌い舞う姿は、息をするのも忘れるほど美しいものであったが、頼朝は、反逆者の義経を慕う歌舞音曲はけしからんと非難したのです。しかし、政子は静に与《くみ》します。政子は頼朝にむかって、私もあなたが平氏追討戦に出陣したあと、淋しさのため震えていたのよ、となだめました。女なんて、一途に男を想うものだわともいいました。

静は京都に帰りたいと願っていたのですが、身ごもっているからという理由で、帰京を止められているのです。頼朝は、生まれた赤子が女の子なら静に渡し、男の子なら幼少のうちに命を絶つのがよいと決めています。

七月二九日、静は男児を生みました。頼朝の家臣が静をおとずれ、赤子を引きとろうとします。『吾妻鏡』がこの前後はこころ痛めつつ述べていきます。静は抵抗してどうしても渡そうとはしません。静は、赤子を衣につつみ抱き伏し、数時間、狂ったように泣き叫びます。泣きに泣いて、泣き伏します。気がつくと政子がそばにいます。

政子が同情して頼朝を諌《いさ》めましたが、頼朝は首を縦に振ることをしない。赤子は武士によって海岸に棄てられました。秋になってから静はひとり京都に帰る。翌年、悲しみを癒せずに病死しました。齢は一九歳でした。

正治元（一一九九）年、頼朝は五三歳で原因不明の死を遂げました。当時から落馬して石に頭をぶつけたという説や重い病気であったという説や平家を滅ぼしたたたりであるとする説が流布していました。政子も四三歳のとき出家して尼となり、彼女は尼将軍として長男頼家や次男実朝のむら気に苦労するようになります。

源氏の血統がとだえたとき、京都で院政をおこなっていた後鳥羽上皇は鎌倉幕府打倒の好機だと判断し、執権北条義時追討の院宣を全国につたえました。この事変を承久の乱とよびます。このとき、政子は、幕府の庭につめかけた、動揺しきっている御家人たちに幕府を守るために立ちあがるように演説をします。その大意は、

「おまえたちは頼朝公より大きな恩義をうけている。ところがいま、まちがった院宣が下され

てしまった。名誉を重んじる者は、三代の源氏将軍のあとを守るために決起せよ。もし、京都院政に与しようとするなら、今のうちに名乗りでよ」

という内容でした。政子は頼朝公の恩義のことを「山より高く、海より深い」と形容しています。

御家人たちは尼将軍に叱咤されたことで、ウンカのように京都になだれ込む。乱後、幕府の統治力が飛躍的に高められました。

鎌倉時代の飲酒事情

鎌倉に幕府ができてから京都はさびれていました。

さびれはしたものの、絹、綾、布などの衣料、鎧、弓矢、刀剣などの武具をつくって売ることで、町が復興していきます。とくに油小路東、烏丸西《からすまにし》、七条坊門南の辺りは、「商売が繁盛してなんでも売っている」と評されるほど殷賑《いんしん》をきわめていきます。左京にも町がおこり、見世棚などの常設店舗がならぶようになっていきます。京都のみならず、鎌倉、奈良、尾張、紀州にも酒屋があらわれるようになりました。このころから、酒屋とは三業態をさすようになる。酒造家、販売業者、および飲ませる店であります。御家人の家来、公家の雇われ人、その他のあやしげな下々に売る露店やら立飲みやら酒の行商やらもでてくるまでになりました。

ごく普通の家庭の刀自（中年以降の主婦）たちがさかんに安酒をつくり、それを売ることが流行っていました。

京都の市中で女が商いに立って、平桶とささら（椀を洗う道具）を道端におき、

「さけ、めし、かし」

と下々によびかけていました。小菊の小袖を着て長い髪を垂らしていたような気がします。酒の立飲みはこのころからはじまったのですが、飯の場合にも道端で立ち食いをしていたようです。

平安時代の末期には令や格式による国営の酒造は廃れていました。

平安末期から鎌倉期にかけて、朝廷や幕府に近い公卿や高位高官などが人物を選定して、こういう人物に酒醸造の権利を保証し、自らは本所となり、酒類製造販売の利益金のかなりの部分を吸いあげるようになったのでしょう。それが室町期における「酒屋役」であり「酒壺銭」であったのでしょう。

また、平安末期から鎌倉期にかけてのころ、下々の家庭でも刀自が小規模の酒造をおこなって、それを売って、小遣い稼ぎをしていたように思われます。

鎌倉幕府は、建長四（一二五二）年一〇月に、鎌倉で「沽酒《こしゅ》の禁」を発令しました。

漢和辞典をひけば、「沽」には売るという意味があり、「沽酒」とは「店売りの酒」とあります。「沽酒」にはこの要素があったようです。幕府が発令してめざしたものは、

① 鎌倉市中では酒の販売を禁ずる
② 鎌倉市中の民家は一軒一壷の醸造のみ許す

というものであったのです。沽酒の禁を思いついた背景として、板東武者に質素な暮らしともののふの礼節をもとめる為政者の姿勢が浮かびあがります。この禁令の直前に酔った御家人が傷害事件を引きおこし、執権北条時頼が深く憂慮したといわれています。

幕府はつづいて、文永元年には東国に、弘安七年には越中・越後に、弘安九年には遠江・佐渡に、正応三年には尾張に、それぞれ沽酒の禁を命じました。くどいかもしれないが、「沽酒の禁」は、酒類の販売制限令であって酒造の禁止令ではなかったことを付記します。

時頼といえば明るく飾り気のない人柄と仁愛に富む政治で、民衆の共感をあつめていた五代執権ですが、こうした人品をしめす『徒然草』における小咄が酒造史の本にかならず紹介されています。

ある晩、執権時頼から呼びだしをうけた御家人がいた。洗いたての直垂《ひたたれ》がなくて困惑していたら、再度、使いがきて、「夜中のことだから普段着でも構わない」というおことばがつたえられた。御家人がよれよれの直垂で駆けつけると、執権時頼が銚子と盃を手にしてあらわれ、「ひとり酒はわびしいので、お呼びしました。酒の肴がないのですが、家の者が寝てしまったようですので探してみてください」という。そのうち、台所の隅の小さな皿に味噌がひっついていたので、「これがありました」と御家人がいうと、執権が「それで十分でしょう」と応えて、気持ちよく盃を交わされていかれた。

鎌倉時代末に『徒然草』が成立していたが、吉田兼好がおどろくべき透徹さで酒客を見つめている。兼好の文章を読んで、酔態や醜態など今も昔もひとつも変わっていないことに気がつきます。さらにまた、適正飲酒できない者には酒席にでる資格がないように思えてきました。

世には心得ぬことの多きなり。ともあるごとには、まづ酒を勧めて、強ひ飲ませたるを興とすること、いかなる故とも心得ず。飲む人の、顔いと堪へがたげに眉をひそめ、人目をはかりて捨てむとし、逃げむとするを、捕らへて、引きとどめて、すずろに飲ませつれば、うるはしき人も、たちまちに狂人となりてをこがましく、息災《そくさい》なる人も、目の前に大事の病者となりて、前後も知らず倒れ臥す。祝ふべき日などは、あさましかりぬべし。明くる日まで頭痛く、物食はず、によひ臥し、生《しょう》を隔てたるやうにして、昨日のこと覚えず。公・私の大事を欠きて、煩ひとなる。人をしてかかる目を見すること、慈悲もなく、礼儀にも背《そむ》けり。かく辛き目に遭ひたらむ人、ねたく、口惜《くちお》しと思はざらむや。人の国にかかる習ひあなりと、これらになき人事にて伝へ聞きたらむは、あやしく不思議におぼえぬべし。……

酒は適量であれば、ほんとうはいいものです。陽気になって社交性が高まりますし、食欲もでて、熟睡もできます。不安や葛藤も一時的に消失します。過剰に飲酒すれば、右に兼好が述べているような醜態を晒してしまいます。兼好は酔態をよく見つめていた。

承久の乱のあと、執権に泰時→時頼→時宗というふうに卓越した人格の持ち主が就任し、彼らの公正な政治と清廉《せいれん》な私生活が、御家人たちをして北条氏一門への信頼をゆるぎないものにしていました。

農村においても御家人は、開発領主・在地領主として強い権利意識をもつようになっていきました。公武間のあらそいについては、幕府の軍事力を背景にして、武士が荘園を侵食していくという形をとるようになったのです。

年貢の納入では地頭請《じとううけ》が定着したし、土地そのものについても地頭領と荘園領主領に折半する下地中分が一般化しました。

鎌倉時代に入ってから、人びとは酒を多く飲むようになりました。それは産業が発達したからです。まず、農業が発展するのです。鍛冶屋が木製の鍬《くわ》・鋤《すき》・鎌にかわって鉄製のそれらをつくるようになります。牛馬を利用する犂《からすき》牛、馬鍬《まぐわ》も出現しました。

田圃に麦を植える二毛作が考えだされたのも鎌倉期からです。それを可能にしたのは、冬季に田の水を排して乾いた田にする技術でした。

畑からウリ、ナス、ヤマノイモ、サトイモ、大根が収穫される一方で、手工業も大いに発展します。『職人尽歌合絵巻』にでている鍛治、鋳物師、刀磨き、番匠《ばんしょう》（大工）も農業との片手間仕事から、手間賃をとる専業となっていきます。

農業が発展したからこそ、商工業が自立できたのです。奈良朝も平安朝も、既述してきた通り、朝廷が造酒司で醸造していたし、寺社・貴族・官人もつくっていました。律令国家の時代は原則として売ることがなかった（非公式な販売はむろんあった）のですが、鎌倉期から売ることを目的に醸造するようになってきたのです。こうした変化の根本に農業の発展がよこたわっています。前時代に比して貴族も武士も下々もよく飲むようになっています。

ああ、鎌倉幕府が炎につつまれて消えていく

モンゴルの来襲は、御家人層に困窮をもたらし、異国警固番役《いこくけいごばんやく》も彼らを苦しめました。

幕府の内部では、北条氏の地位が高まるとともに、頼朝以来の御家人と得宗家《とくそうけ》とよばれるようになった北条氏の家臣たる御内人《みうちびと》の対立が激化するようになってきました。

安達泰盛の反乱のあと、北条氏の覇権が確立し、得宗一門が幕政を独占するようになったのです。一四代執権であり、得宗家の惣領である北条高時（時宗の孫）は、悪名の高いうつけ者です。また、底なしに酒を飲みます。

『宝暦間記《ほうりゃくかんき》』は、「すこぶる亡気（うつけ）の躰《てい》にて、将軍家の執権も叶ひ難かりけり」と述べています。執権についていても、実権は賄賂を要求することで有名な長崎高資《たかすけ》に握られて、カカシのような立場になり、それでも連日連夜、酒宴をはっているのです。

高時は酒を飲みながら田楽を鑑賞するのを好みました。これは、田植えにあたり豊作を祈る遊びから発達したもので、平安中期には田楽法師という芸人が出現していました。彼らは群れをなして扇笠をかぶり、腰鼓を打ち、びんさざらを打ち鳴らし、笛歌にあわせて舞を舞ったのですが、酒を飲み、乱酔してくると高時も田楽法師たちとともに狂ったように踊るのでした。

執権高時は大酒を飲んだが、一日中、盃を離さなかったといわれます。そうした酒の肴として闘犬をさせることを好んだのでした。当時、犬合せといったが、『北条九代記』巻第一二が述べるところをみましょう。

ある時、庭前に犬の噛合けるを見て、高時面白き事に思ひ、これを好む事骨髄に徹る。……（中略）……犬一疋を銭二、三十貫より百貫に及びて買取り、魚鳥《ぎょてう》を飼うて食とし、錦繍《きんしゅう》を著せて衣とす。金銀を鏤《ちりば》め、珠玉を飾りて、高時に奉れば、思掛けざる恩禄に預る。……（中略）……肉に飽き錦を著たる奇犬鎌倉中に充満して、四、五千疋に及べり。月に十二度の犬合には、一族、大名、御内《みうち》、外様《とざま》の人々、堂上堂下に座を列ねて見物す。両陣の犬共、一、二百疋を放し合せ、入違《いれちが》へ追合せて、上になり下になりて、咬合ける有様、其声天地に渉って洋々たり……

高時は犬が噛み合っているのを見て興味をおぼえ、全国から徴税のような扱いで犬を集めだします。猛犬がいれば銭貨をだいして買取ります。魚や鳥を飼っておいて、これを犬の餌としますます。さらに派手な衣装を犬に着せ、鎌倉市中には猛犬、奇犬が数千匹も充満するようになりました。

右のような闘犬を見ながら、大酒を飲むなどまさに常軌を逸しており、京都の後醍醐天皇は幕府が滅亡への坂道をころがり落ちていると判断しました。高時だけでなく、一族、大名、御内、外様も闘犬に淫しているわけだから、幕府そのものの統治力が機能不全状態にあります。後醍醐天皇の近臣、日野資朝《ひのすけとも》が中心になって、酒宴に偽装して、倒幕のための寄合をひらいたのです。

正中の変、元弘の変という風に後醍醐およびその側近につまずきがあったものの、地方武士が倒幕に決起し、足利高氏（尊氏）がふたりの六波羅探題を死においやり、源氏の血を継ぐ名門の新田義貞が北条氏の大軍をやぶって、鎌倉を攻略しました。

元弘三（一三三三）年五月、高時はもはやこれまでと幕府の館に火を放ち、八千余騎の兵をつれて東勝寺に落ちました。そのあと、北条方の烈士として評判の高い島津四郎に対して高時がみずから大盃で酒を飲ませ、その武勇を称賛しました。

高時は自刃する直前になっても酒にしがみついていたのです。高時以下、一族・御内人たちが集団で自殺し、鎌倉は大火に焼け落ち、東勝寺は血の海になりました。ここに鎌倉幕府は星霜一五〇年の幕を閉じたのです。

鎌倉時代に新仏教が興りましたが、旧仏教の側もあらたな動きをみせます。律宗に忍性《にんしょう》があらわれ、貧しい人びとや病人への救済などに献身しました。具体的には、奈良にハンセン病などの病人の救済施設・北山十八間戸《きたやまじゅうはちけんど》をたて、施療や慈善につくします。忍性は西大寺の僧であったとき、朝、顔貌のくずれたハンセン病の病人を北山十八間戸から連れだし、背中に負って西大寺まで歩き、境内でおろして乞食稼業をさせ、夕暮れ、また背に負って北山十八間戸までつれて帰ったといわれています。また、忍性は生涯に一八九の橋を架け、七一か所の道路をつくり、三三の井戸を掘削しました。

あっけなく滅んだ建武の新政

横道にそれるが歴史家の黒田俊雄さんが興味深い話を紹介されました。

鎌倉幕府が滅亡してから六二〇年余経った第二次世界大戦後に、鎌倉の材木座という所から古い人骨が九一〇体も出土したというのです。その人骨は大小三二個の大穴に埋められていて、大半が青壮年の男性でありました。頭蓋骨だけを埋めたもの、胴体と手足だけを埋めたものもあり、どの大穴にも犬の骨が混じっていました。多くの骨には刀の傷、槍の刺し傷跡があったし、犬がかじった跡のあるものもありました。

調査にあたっていた東大の鈴木尚博士が、新田義貞の鎌倉攻めにかかわる死者の骨だろうと推断された由です。

鎌倉幕府の滅亡ということで、後醍醐天皇に出番がまわってきます。

鎌倉幕府討滅計画の容疑で、捕えられて隠岐に流罪《るざい》になっていた後醍醐天皇が京都にもどりました。後醍醐は持明院統の光厳天皇を退位させ、摂政も関白も廃して、天皇みずからが政治をおこなう親政の体制をととのえ、年号を建武とあらためました。

この天皇は、在世中にみずから「後醍醐」と自称するほど醍醐天皇とその「延喜の治」への憧れをもつものでした。こうして建武の新政がはじまったのです。

「本朝皇胤紹運録《ほんちょうこういんじょううんろく》」という比較的信憑性の高い皇室系図によると、後醍醐天皇は一八人の后妃から男子一八人、女子一八人、あわせて三六人の子どもを生んでいます。建武の新政の要点は、国々に国司と守護を併置するもので、また、綸旨《りんじ》によって所領の安堵をおこなうもので、すぐに社会が混乱するとともに新政もゆきづまりました。

アッという間に、京都は二条の賀茂川の河原に落書が掲げられました。

此比都ニハヤル物、夜討《ようち》強盗謀綸旨《にせりんじ》、召人《めしうど》早馬虚騒動《そらさわぎ》、生頸《なまくび》還俗自由出家、俄《にわか》大名 迷《まよい》者《もの》、安堵恩賞虚軍《そらいくさ》、本領ハナルル訴訟人、文書入タル細葛《ほそつづら》、追従《ついしょう》讒人《ざんにん》禅律僧、下克上スル成出者《なりでもの》、器用の堪否《かんぷ》沙汰モナク、モルル人ナキ決断所、着ツケヌ冠上ノキヌ、持モナラハヌ笏《しゃく》持テ、内裏《だいり》マシハリ珍シヤ……。

都ではやっているものには、夜討強盗やいつわりの綸旨、囚人や早馬が奔り、何もないのに騒動がおきる。生首がころがり、僧は俗人に、俗人は勝手に僧になる。こういうような空気を見た足利尊氏が新政府に反旗をひるがえしました。そして、京都をおさえた尊氏は建武式目をさだめ、ついで暦応元（一三三八）年に征夷代将軍となり、室町幕府をひらいたのです。

鎌倉幕府滅亡の前後に活躍した人のなかで、私が好きになれないのは後醍醐天皇です。人の立場に斟酌《しんしゃく》することがなく、驕慢なる情念に生きたからです。逆に好きな武将は楠木正成で、いちばん最初に倒幕という旗幟《きし》を鮮明にし、この立場を貫いて戦いつづけ、後世の史家にむかって損得勘定だけでは立ちあがらない男であることを見せつけています。

足利高氏（尊氏）は、要請されて兵をあげ、六波羅探題をほろぼし、後醍醐派になり、さらに建武政権にそむいていますから、損得勘定を最重視してうごいた武将でしょう。

諸白酒が現代の日本酒の先祖となっている

中世の酒といえば「僧坊酒《そうぼうしゅ》」を想いうかべる人が多いと思います。

僧坊酒とはお寺でつくられた酒だから、ふつうは変に思うことが多い。仏教には五戒という戒律がありますが、そのひとつは「不飲酒《ふおんじゅ》」で、酒は飲んではならないとされます。ただ、それをかたくなに守るのではなく、飲むのなら少量にとどめるという立場にあります。八世紀の大宝律令においても僧侶に対する節酒が明記されています。

今日でも、古寺の山門に「不許酒肉入門内」などと刻まれた石碑を見かけます。

しかし、古代から中世を通して、多くの場合、寺院内で、酒が飲まれてきました。たとえば、室町時代に足利義満が五山の制をさだめて、臨済宗に国教的性格が付与されていたので、京都五山（天竜寺、相国寺、建仁寺、東福寺、万寿寺）には独立王国のような雰囲気がたちこめていました。五山の禅僧らは、日夜、酒宴にふけり、歌い狂い、踊り狂い、乱酔のきわみにあったことは有名な事実で、義堂周信《ぎどうしゅうしん》や絶海中津《ぜっかいちゅうしん》によって代表される五山の僧侶たちによる五山文学が花ひらいていたのです。

ヨーロッパでも古代から中世にかけてのころ、修道院にて酒類が醸造されていました。

日本の古代から中世にかけての時代に、寺院で酒造がさかんであったことには理由がありました。①荘園から年貢米が届いていたこと、②上質な水があったこと、③労働力が豊かであったことをあげることができます。

古くからの仏教界での禁酒の方針は、表面的な建前に過ぎませんでした。既述したように、春日大社には酒殿が遺っていますし、東大寺にもありました。『日本霊異記』のある説話は、仏寺が利潤を得ることを目的にして酒造していたことを物語っています。

昔日、僧侶の世界では「般若湯《はんにゃとう》」という酒の隠語がつかわれていたのですが、薬として飲むのだと自他を偽ってきたのです。

自家用に飲まれていた寺院の酒が商品として売りだされる例もでてきました。その代表は河内長野市にある天野山《あまのさん》金剛寺の酒（「天野酒」）と奈良市の菩提山正暦寺の酒（「奈良酒」）でありました。正暦寺では室町中期から後期にかけてのころ、醸造がさかんになり、諸白酒がつくられるようになりました。諸白《もろはく》酒が現代日本の水のように澄んでいる清酒の先祖なのですが、それは、今日の清酒と同じように麹米にも掛米にも白米をつかったからなのです。麹米と掛米の両方に白米をつかった酒が諸白なのです。

足利尊氏は延元元（一三三六）年一一月、「建武式目」一七か条をさだめましたが、そのひとつに「群飲佚遊《いつゆう》を制せられる可きこと」とあります。

群飲佚遊《いつゆう》を制せらるべき事

格条《きゃくじょう》の如くんば、厳制殊《こと》に重し、剰《あまつさ》え好女の色に耽り、博奕《ばくえき》の業に及ぶ。此外《このほか》又、或は茶寄合《ちゃよりあい》と号し、或は連歌会と称して、莫太《ばくだい》の賭に及ぶ。其ついえ勝計し難き者か。

と定めている。「地下人《じげにん》」（庶民）とか「土民」（農民）とか呼ばれる民衆が、茶寄合や連歌会の名目で集まってきて、群がって酒を飲むのです。茶寄合と連歌会は酒席と渾然一体になったような集まりで、賭博もするのでした。

茶はもともと薬用として日本に流入してきたもので、禅宗寺院において僧侶たちが親密になる手立てとして発達し、他方では質素な茶を飲みあって楽しむ農民の茶寄合として普及しました。

南北朝の動乱のころから闘茶会がはやり、茶種の生産地をあてる賭茶が行われるようになったのです。これは、いわば茶の湯のギャンブルでした。民衆が寄り合って茶会・連歌会をひらき、金を賭け、女色や男色に耽り、群飲乱舞といった騒ぎをくりひろげていたのでした。

茶寄合や連歌の歌会には酒席が設けられていました。茶の寄合や連歌の集いと酒席が未分離だったし、賭け事もなされ、酔っ払って男女間の風紀もみだれ、同性の間もみだれ、アナキーな気分が濃厚であったから、為政者にとって頭の痛い問題であったのです。

そこで尊氏が幕府政治の復活にあたって「群飲佚遊」の禁圧を謳ったのです。

室町時代に酒がよく飲まれるようになったのは根本的には農業の生産力が上昇し、それが動因となって諸産業が発展したからなのです。

当時の農家はどんな暮らしだったのでしょうか。絵巻物に描かれた農家は、床のある部分は屋根の下でもごく限られており、大部分は土間になっていました。

普通の農民の場合、ふとんなどはなく、土間に敷いた藁のなかで寝るというのが普通の姿でした。なお、江戸時代の終わりになっても、北陸などでは農家は、土間に敷いた藁のなかで寝ていたという多くの傍証があります。

室町時代に農民が自治的な能力を身につけて成長しました。

農民たちは宮座を中心にして、惣《そう》（惣村）という自治組織をつくるようになったのです。惣の指導者として乙名《おとな》・年寄・沙汰人を選び、惣掟をつくり、惣請の形で年貢の納入を請け負っていました。室町中期以降、惣を基盤にした土一揆《どいっき》が頻発するようになります。土一揆は徳政令の発布を要求し、あくどく高利貸をする酒屋・土倉《どそう》・寺院が襲撃対象になりました。

酒造における日本人の優秀性

室町時代は前時代よりも産業の発達がめざましかったので、はるかに多く酒を飲むようになっていました。京都を中心にして摂津、河内、大和で酒造業が発達したのも、農業の生産力が向上していたからにほかならない。早稲、中稲、晩稲の別が生まれ、牛馬の使用や二毛作がひろまり、刈敷《かりしき》、下肥《しもごえ》、草木灰《そうもくかい》がつかわれるようになりました。

室町中期の京都の酒屋が、その後の日本の酒造業に大きな影響をおよぼします。賀茂川に沿って左京に三〇〇棟の酒屋が軒を連ね、酒屋は醸造の他に高利貸や貿易商人や荘園の代官にもなっていました。数百石を醸造する酒屋もありました。

京都に酒屋が集中していたことについては理由がありました。そのひとつは、京都に荘園の本所（名目上の領主）が住んでおり、そうした貴族や寺社に貢租米が全国から届くからです。ふたつ目として、京都には麹商人がたくさんいたことがあげられます。

醸造には麹《こうじ》が欠かせない。酒蔵では、麹カビを培養し、蒸した米に付着させて麹をつくるのです。このようなことから、麹商人が必要であるが、室町中期の京都で麹の製造・販売を独占していたのが北野天満宮の西宮麹座なのです。座とは同業者の特権的団体であり、朝廷・貴族・寺社などを本所としており、そうした本所に金を納めることで、販売の独占を認めてもらっていたのです。

酒屋が酒造をするとき、麹を麹座から購入するというやり方では、経営上の障害があったので、酒屋自身がこっそり麹を密造するようになってきたのでした。そのため北野の麹はしだいに売れなくなっていく。

その結果、北野の麹座の神人《じんにん》（神社の下級神職で、かつては卑賤視されていた）たちが、幕府役人と一体になって、自家用の麹で酒造する酒屋五三軒に攻撃をくわえた。騒ぎが大きくなって、酒屋だけでなく、米をはこぶ馬借《ばしゃく》という運送屋までが、反幕府・反特権という立場から、暴動をおこして、北野天満宮を襲撃しました。このため北野の神人たちが怒って、幕府と武力衝突し、北野天満宮の大半が炎上するにいたりました。これを「文安の麹騒動」という。

結局、この騒動のあと、京都における麹座の制度が崩壊し、酒屋が一貫して酒をつくるという現代の酒造形態が確立したのです。

室町時代に諸白《もろはく》という形で、酒造が大発展したことはすでに述べましたが、他にも日本のすぐれた酒造法があります。『御酒之日記《ごしゅのにっき》』（室町期の作）には、一度に仕込んでいた酒づくりから酒母づくりを独立させて、麹と米と水とを三回にわけて加えていく方法が説かれています。『多聞院日記《たもんいんにっき》』（戦国期、興福寺塔頭での日記）では、今日と変わらない三段仕込み法が述べられています。右の酒造法は日本人の優秀性をしめすものでしょう。

酒の殺菌でも日本人は卓越していた。

火落ち菌という細菌は、日本酒だけに成育します。火落ち菌が日本酒において繁殖しますと、白く濁ったり、酸っぱくなったり、悪臭が生じたりします。要するに、腐造《ふぞう》であり、酒造家が大損害をうけます。

フランスのパスツールが腐造ぶどう酒をなくすために、パスツーリゼーションすなわち低温殺菌法を発表して、世界中を驚かせました。一八六五年のことです。日本ではパスツールよりも三〇〇年まえに火入れをおこなっていて、日本人の優秀性をしめすものとして評価されています。『多聞院日記』には末寺の酒造メモがあって、そこに、たとえば永禄一一（一五六〇）年旧三月に仕込んで、五月はじめにできた酒を五月二〇日の条に「酒を煮《に》させ了（おわ）る、初度なり」とあります。その他にも同じような火入れの記録が遺されています。火入れの目的は、火落ち菌というバクテリアの殺菌のためであり、火入れの温度は、手加減で五〇度から六〇度あたりで、五分間ほどであったと推定されます。

義満は義詮の子で、応安元（一三六八）に三代将軍につきました。花の御所を造営したり、南北朝合一を成就させたり、北山に別荘として金閣を建てたり、明と国交をひらいて貿易につとめたり、業績の豊富な将軍です。この義満は頭がよく、自尊感情が大きく、冷徹な権謀術数をめぐらした偉人として知られています。

最晩年まで国政への意思に衰えがなく、執政者としての器の大きさは、頼朝や秀吉、家康と同等かそれ以上と思われます。

義満には酒の強烈な万能感があった？

一〇歳で将軍になった義満は、飲酒をはじめた年齢も非常に早かった。一三歳とき、酒宴で大酒を飲みすっかり酩酊し、管領から厳しく批判されたこともあります。

また、義満は女についても話題の多い人です。義満の時代になると、幕府が朝廷よりも実力も声望も上であるように見なされていました。

一方では朝廷の伝統的な権威に心酔している貴族もいます。義満は、落ち目になってもなお朝廷を賛美する貴族を許すことができず、そうした貴族にあからさまな脅しをかけていました。それで、怯える貴族のなかには女を義満に献上するものがいました。自分の妻妾を贈る貴族がいたのです。

後円融上皇の妾である按察局《あぜちのつぼね》が義満との不義密通をうたがわれて、宮中が大騒ぎになったことがあります。その局は尼になることで逃げたが、義満は苦しい言いわけをしなければならなかった。

鹿苑寺の義満画像は実物に酷似していると評判ですが、今日、見る者の目にはただの好色な老齢貴族のように映り、どう転んでもいかめしい武人には見えません。

義満は二〇歳にたっすると、花の御所の造営に取りかかりましたが、夜ごと美酒に酔い痴れています。義満は将軍でありながら公家の文化、朝廷の行事に興味と憧憬を持ちつづけていま す。宮中と義満の間には、酒がとりもつ交流のようなものがありました。永徳元年三月には二三歳の後円融天皇が義満の室町第《むろまちてい》に行幸《ぎょうこう》し、ふたりは酒を飲んでいますし、同い年の義満も宮中に参内《さんだい》し、天皇と差しつ差されつ酒を酌み交わすことがありました。

義満は山名氏清らを挑発し、氏清らが挙兵すると、ただちに細川・畠山・大内らに命じてこれを討伐させました。この明徳の乱の鎮圧で、幕府は一応安定しました。

永徳三年には准三后《じゅんさんごう》の宣下をうけたが、これは本来は親王や摂政などに与えられる栄誉の称号であります。三七歳になった義満は、将軍職を子の義持にゆずり、太政大臣になりました。しかし、それも辞任して、半年後には周囲の反対を押しきって、出家します。出家したのは、天皇の地位を手に入れようと考えていたためです。

義満が天皇への野心を露わにしていたことは多くの識者が推断しているところです。それは具体的には天皇を見下ろす、超俗的な「法皇」になるためでした。自身に法皇になれるような幸運が舞いこまなくとも、少なくとも義満には子の義嗣《よしつぐ》を天皇の位につけようという肚《はら》があったようです。

応永一一(一四〇四)年に日明国交と日明貿易がひらかれました。その国書は、「日本准三后道義、書を大明皇帝陛下に上る」という文章からはじまっていました。明は、義満を「日本国王源道義」に封じ、明からの国書に対して、義満は三拝し、ひざまずいて拝見するという屈辱的な姿勢を見せるのでした。

義満は巨費を施政についやす将軍で、世阿弥をひいきにして能を完成させるわ、北山文化を育成するわ、そんな風に幕府の財源を食いちらかしていました。義満の私生活も贅沢そのもので、天皇家や摂関家の上をいっています。この世は万事金次第であることを若い日々から通暁していて、金に目がくらみ、国恥であることがわからなくなっていて、明皇帝に土下座したのです。

日明貿易は、屈辱的な朝貢貿易であり、日本人の誇りを喪っています。義満が明の皇帝の臣下となり、「日本国王」に冊封《さくほう》される形式を採っていました。足利氏は「源氏」だったから「源道義《げんどうぎ》」という中国風の名にしたのです。「道義」は義満の法号です。

京都市の等持院に安置されている足利義満木像の首が、幕末、尊王論にたつ志士によって日本刀で切られました。

義満も現代の基準からすればアルコール依存症でありますが、一〇歳前後に初飲し、その後も飲んでいれば誰でもアルコール依存症に罹患します。初飲が早いほどアルコール依存症になる確率を高めるのです。

酒は飲む人に「多幸感」と「万能感」を与えるのですが、その感度にはいちじるしい個人差があります。アルコール依存症を患っている人々にとっては、酒は高感度そのもので、だからこそ永年、酒に淫するのです。初飲体験には重い意味があり、初めて飲んだとき、ビビッと大脳のレセプターに稲妻のように好ましい刺激がきた人はアルコール依存症にたいへんなりやすい。酒を初飲したとき、別段美味くもなく、特になにも感じなかった人は、その後、常飲することがなく、アルコール依存症になることもまずありません。初飲で、酔いを「うっとうしい」と思う人はまず酒に溺れることはありません。

アルコール依存症者は「破滅型」と「調和型」にわかれますが、義満が調和型であったのは確かです。義満は一杯飲めば、発想が豊かになり、機略に富む知恵がつぎつぎと押し寄せ、頭が猛スピードで回転し、多弁多動になっていたのです。

応永一五年、義満は没したが五一歳でした。今も昔もアルコール依存症者の平均死亡年齢は五一歳なのです。

現職の将軍が暗殺されるという異常事態

義満のころの日本を観察した高麗人がいました。それが宋希璟で、号が老松堂といいます。彼の観察記が『老松堂日本行録《ろうしょうどうにほんこうろく》』で武家の上層部には男色（同性愛）がはびこび、街には遊女があふれていると述べています。

室町幕府四代将軍の義持は、応永三〇（一四二三）年、長男で一七歳の義量に将軍職をゆずりました。この義量の酒量は、真にすさまじいものがありました。義量《よしかず》は七、八歳から飲みだし、即位したころは底なしに飲んでいました。義持が自重をうながしても聞く耳をもっていませんでした。そして在位三年で病死してしまいました。横道にそれますが、室町幕府の将軍は一五代までつづきますが、大半の将軍には重度のアルコール問題がありました。

義量の死から将軍職の空位が始まりますが、三年後、空位のまま前将軍義持が重疾におちいったのです。

重役たちはあわてふためき、善後策を協議し、前将軍に、

「六代将軍は誰にするのか、決めてくだされ」

とせっついたのです。前将軍が、

「くじで決めるのがよかろう」

と答えて息をひきとりました。神前で義持の遺体を洗い清めたのち、諸大名が見つめるなか、くじをひらいた。この瞬間、義満の子である義教《よしのり》が六代将軍に決定したのです。

義教には人格的に困った問題があります。神経質この上もなく、異常なまでに潔癖で、ささいなことで列火のごとく怒り狂うのです。すぐ人を処罰し、将軍義教の行くところ、騒ぎが大きくなり、罰せられた人ばかりになってしまいます。

そうこうしているうち、義教が幕府の力を高めるために、有力守護を討つことを策するようになり、やがて播磨の守護大名である赤松満佑《あかまつみつすけ》が殺されるだろうという噂がながれるようになりました。

危険を予知した赤松満佑・教康《のりやす》父子は、謀略をめぐらせました。将軍を招き、酒を飲ませて闇討ちするというハカリゴトです。「池の鴨をご覧にお越しください」と招く使者を将軍家におくり、義教を赤松邸に誘いだした。

将軍義教が上座で胡坐《あぐら》をかいて、酒宴が始まった。大名たちも相好《そうじ》をくずしている。幾度か大盃がまわり、にぎやかな談笑になったとき、義教の背後の襖が蹴り破られました。アッという間もなく、刀を振りかざした武士が、将軍の首を刎《は》ねたのです。現職の将軍が暗殺され、幕府の権威が地に落ちました。

文献史料から、室町時代には公家も武家も僧侶も実によく酒を飲んでいることがわかります。歴代の将軍たちも常軌を逸した飲み方をし、まるで酒壺の中から生まれ酒壺の中に還るような酒客人生をおくって、家を傾け、幕府を傾け、国を傾けていました。

日野富子は男ばかりの酒宴にも平気で参加する

八代将軍義政の酒の飲み方にも、底なしの大穴のような不気味なものがただよっています。義教暗殺の後、その子義勝が八歳で将軍に就任するも、二年後、赤痢で逝きました。この事態から、三春丸というもうひとりの九歳の子が、重役会議で将軍家を継ぐことを決められたのでした。この子が一四歳になったとき元服し、八代将軍義政となったのです。

義政は執政数年にして政務への意欲を喪っていきます。京都やその近辺では、年中行事のように徳政をさけぶ土一揆が蜂起していますが、義政一代で一三回の徳政令をだしたのですが、それは奇妙な付記をもっていました。

義政の徳政令は「分一《ぶんいち》銭《せん》徳政令」とよばれ、土倉・酒屋が借り入れていた金は、元金の十分の一（のちには五分の一）を幕府に納入すれば返却しなくともよい、という規定をもっています。また、貸付金の五分の一を納入すれば、徳政令の対象からはずし、取り立ての権利を継続させる、というものでした。要するに、幕府が土一揆を利用して、金儲けをするというものであったのです。

義政と夫人の日野富子は、地下人や土民が食うや食わずの苦しい生活を送っているのを知りながら、贅沢のかぎりを求めます。義政は大酒家ですが、ふたりして武家や公家の宴席によくでていました。富子は、そういう場に気後れすることなく出席しています。ふたりは、自分らの快楽や趣味を実現することだけが価値あるものと思っている節があるし、義政には執政者としての気構えがありません。

長禄三年には関の廃止を決めると同時に、京都七口《ななくち》に新関を置きました。関銭は、伊勢神宮造営料にあてると発表していたが、実際は義政・富子の私利私欲のための財源でした。

享楽的な富子は、高利貸も営み、大金をかせぎつつ、米相場にも手を染めて、金を貯めています。公卿も宮中も大名も寺社も困窮をきわめていた時代にあって、富子のところだけは金が腐るほど貯まっていて、蔵には七万貫（現在では、四二億円～六〇億円）ほど入れられている、という噂が立っていました。

今谷明氏の研究によれば、室町期、将軍の社寺参詣とは高級品の調達の意味をもっていたという。義政が五山に参拝することで、五山から膨大な財物を吸収していたらしい。

義政夫婦は、春の桜、秋の紅葉、冬の雪を見物するために巨費を散財し、寺社へもしばしば訪れました。将軍夫婦には物見遊山であっても、将軍ご一行を迎える寺社側は対応に苦慮しました。

『応仁記』は応仁の乱の経緯を書いているが、そこには義政が臨時の段銭《だんせん》・棟別銭《むなべちせん》・酒屋役《ささややく》・土倉役《どそうやく》を徴収しつづけ、ひどい月には八、九回にもなっていると述べられています。義政は、徴収していた金を「花の御所」の改築と他界した母のための高倉第の建築につかっています。

長禄三（一四五九）年から寛正二（一四六一）年にかけては、自然災害と大飢饉が日本列島を襲いつづけた。長雨、いなご、冷害、風水害がおこり、大飢饉が発生していました。京都では、ある僧が八万二千の卒塔婆を使ったというほど死者が多く、死屍累々として賀茂川の流れをふさぎ、死臭が鼻をついていたといいます。

『応仁記』は冒頭からつぎのように述べていく。

義政公の執政を補佐する管領が不在である。御台所《みだいどころ》（日野富子）や香樹院や春日局などの、理非を知らない女性たちが国政に口をはさみ、酒宴や淫楽にふけっている。公家にも武家にも酒宴が多く、賄賂が飛びかい、所領をめぐる訴え事も多く、騒然とした世相がつづいている。斯波、畠山の両管領家では、相続争いにゆれている。義政には子がなく、その弟義視が九代将軍に決まっていた。そういうとき、御台所が懐妊し、ほどなく男児を出産。慶賀天下となる。そのうち御台所が若公（義尚）を将軍にしたいと思うようになった。

それで後援を山名持豊（宗全）に頼みこみ、一方、義視は細川勝元とむすんだ。

勝元と宗全は幕府の実力者であったから、幕府の内部もふたつに分かれて相争うようになりました。相国寺などの古刹もつぎつぎと炎上し、公家屋敷も焼け、内裏も土足で踏み荒らされるようになっています。

寺社を焼く煙で覆われた空の下、御台所があわてているのに、公方（義政）は顔色も変えずに酒宴をひらいて盃を傾けているのです。

平安の都が灰燼《かいじん》に帰しました。文明五（一四七三）年、山名宗全も細川勝元も病死したので、両軍がつきて和議がなりました。宗全も勝元も思いのままになったところで死んだのであり、争いをなすものは双方ともほろぶ、と京童がはやしていました。

将軍義政が酒をやめられなかった理由

一条兼良《かねら》は太政大臣や関白にまで昇進しました。応仁の乱で邸宅や文庫が消失したので、子の大乗院の尋尊《じんそん》の禅定院で暮していました。兼良は学問や芸道に精進し、当代一の学才をうたわれていました。尋尊は、興福寺大乗院の門跡で、一条兼良の子です。筆まめで多くの記録を遺したが、その日記『尋尊大僧正記』は、室町期に関する必須の史料といわれています。『尋尊大僧正記』の文明三年八月七日の条につぎの記述があります。

室町殿可有御隠居之由及御沙汰之間、毎事天下御沙汰事不及披露、随而寺訴事無是非云々、又昨日烏丸儀同司入道方より太閤ニ申入分、此事大略治定、御台ハ北小路新造ニ遷給、御中不和故也、北小路殿へ公武不可立入、可及厳蜜御沙汰之由御下知了、公方ハ細川之新殿ニ遷給、御隠居用云々、凡希代事云々、成就院ニ参申、主上去月末より御悩也、一切奏聞無之之由、綱光卿申下云々（義政公が隠居を考えておられるが、そうなれば国政を担当する人がいなくなる。日野富子が北小路の新築屋敷に移られた。義政公も細川の新殿に入られた。義政公と日野富子は不仲で、別居されたのだ。おふたりの関係は冷えきっていて、別居するしかなかったようだ。日野富子が後土御門天皇と密通しておられるという噂がながれている。日野富子が三一歳、後土御門天皇が二九歳で、天皇様は先月末よりお悩みだという）。

『御湯殿《おゆどの》の上の日記』という文献があります。清涼殿の御湯殿上に伺候した女官が書きついだもので、宮中の行事や公家の動静がよくわかってきます。この文献でも義政の底なしの酒豪ぶりが書きこまれています。

富子も義政と連れだって酒宴に行き、よく飲んでいます。ふたりは公家たちの宴に招かれ、美しい肴を食べ、四献、五献、六献、七献と盃を重ねていきますが、当時は大盃だったから、現在、日記を読む者が不安になります。一三献という酒宴すらあります。

義政はこの日、天皇に酌をしてもらって余計に酒量を増やしたようです。文明一三年一月に義政と富子がまたも不仲になり、義政がひとり暮らしを始めました。今度は諸将さえ従わないのです。武家や公家の義政を見る目が冷たくなってきました。

文明一三年の日記を読んでいくと、義政は連歌の歌会にでたり、猿楽を見にいったりしているが、淋しさをまぎらわせる側面もあったようです。しばしば宮中に参内しているが、手土産に鮎一折、奈良のウリ、ナツメ、肴折詰などを携えています。仲が戻った富子と連れだって参内し、天皇らと大酒を飲みました。

これより先、富子は、文明五（一四七三）年一二月、義政に将軍職から降りるようにはたらきかけ、八歳の義尚が元服して九代将軍になりました。

むろん両親が幕政にあたっていたが、文明一四年七月になって義尚の親政が宣せられ、義政の隠居が決定されています。同年一一月に義政は東山山荘の造営のために鍬入れをおこなっています。

山荘の造営は義政の現実からの逃避と一体の行動で、その裏には富子との不仲があったのです。二〇代になった義尚も現実を直視することが下手で、連歌の歌会や猿楽見物にあけくれ、大酒を食らい、女に淫する毎日を送ります。

そうこうしていると近江国で異変が起こりました。守護大名の六角高頼が領国内の延暦寺の領地を横領したのです。このため比叡山に年貢米が上納されず、僧たちが窮迫してしまい、将軍義尚に「六角を追っ払ってほしい」と泣きつきます。

退嬰的《たいえいてき》な義尚が、「それなら懲らしめてやるわい」と安請け合いしたようです。つゆ命取りになるという認識がなかった。

それでも将軍の下命ということで、諸国から一万余の兵が集まり、合戦ということになりました。この軍勢を相手に高頼が戦い、あっけなく敗れて、山地の甲賀氏に匿われることになります。義尚は近江国栗太郡の鈎の里《まがりのさと》（現在の草津市に近い）に陣をかまえたが、六角側のゲリラ戦をほろぼしきれません。ここで三年近い陣地暮らしをつづけ、京都に帰らなかったのは母親の富子が、鬱陶しいからだったと思われます。

富子は将軍の実母であることに虚栄心を満たしているように義尚が判じていたのでしょう。陣営のなかで、猿楽を鑑賞したり、連歌会をひらいたりと、義尚は公家化している側面をさらけだし、また、酒色におぼれる日々を送りました。その結果に病臥するように、公卿の日記に「只、水と酒、御姪乱ばかりなり」と綴られるようになります。食事らしい食事も摂らず、大酒を飲み、喉が渇くと水を飲んでいるというのでしょう。他に「平生、一向に御食事無く……（中略）……水と酒計、聞召ス」という記述もあります。

食事をせずに大酒で乱酔をする毎日で、体も弱っていたのか、義尚は延徳元（一四八九）年に、鈎の里の陣営において二五歳で死去しましたが、翌年には義政も没しました。

義政の場合、直接的な死因は脳卒中でしたが、これは大酒飲みに多い病気です。義政の永年の大酒が前頭葉に深刻なダメージをあたえてきたと私は思うのです。前頭葉はもっとも人間らしい判断、思考、情操をするところですが、過剰飲酒による悪影響がいちばん先に出現するところでもあります。

日野富子との不仲・別居も前頭葉が傷つき、相手の立場を理解できなくなっていて、温もりのある、優しい感情を喪っていたからだと思われます。

前頭葉が壊れてくると周囲の情景が見えなくなります。極端な視野狭窄におちいり、自分を中心にした思考法を採るようになります。過剰飲酒は、飲酒者を赤子返りさせるのですが、ここが酒のもっとも恐ろしい部分なのです。

義政は酒のない国に行きたかったことでしょう。富子との不和・別居、武将たちの非服従、後土御門天皇と富子の不義密通、身体の不調などがみずからの酒に起因していると認識しながら、酒をやめることができなかった。禁酒したり減酒したりすれば、焦燥感、不安感、不眠、吐き気、寝汗、脂汗、うつ状態、幻覚などの不快な離脱症状がでるので、義政は酒をやめることができず、そうした不快な症状から抜けだしたり、予防したりする手段として飲まずにはいられなかったのだろうと推断されます。

戦国時代の武士の武闘出動は、鎌倉期や室町期に比べると、飛躍的に増大しています。出陣の前日、鎧、兜、刀、槍を点検したり修繕したりして、英気を養います。

馬にも上等の餌を食わせて馬力がでるようにします。

出陣前夜、験《げん》をかつぐことが多かった。

酒を飲むとき、肴は勝栗、打鮑《うちあわび》、昆布という縁起のいいものを並べた。つまり、「勝って、討って、喜ぶべし」と解釈されるものでした。

敵将の首を搔いて帰ってきたときには、「討って、勝って、喜ぶべし」とされました。

酒造は、容器の大きさや小ささに条件づけられています。

はるかな大昔の口かみ酒も、かむことで酒にするという目的も、縄文土器の出現によって、現実のものとなりました。口でかみ、ペッ、ペッと吐き溜める土器があってこそ、酒づくりができたのです。

室町時代に朝鮮を経由して、中国から大鋸（オガ）が入ってきました。板にひくための縦引きの大きなノコギリですが、このノコギリで製材して桶をつくることができるようになりました。

板の表面を削る台鉋（ダイカンナ）も室町時代に中国から伝来したのです。このような道具がつかわれるようになったからこそ、樽の多量製作が可能となり、桶も大型化したのです。酒造は容器があってこそのものであり、酒の容器は、壷→甕→樽→桶というふうに変遷してきたのです。大型の桶があらわれたことが、酒造を中世的なものから近世的なものへと変えていくのです。

壮大な東西交流から蒸留酒が日本につたわったのか？

日本人はいつごろ蒸留酒を知ったのでしょうか。焼酎は南日本を中心にして日本人の生活に浸透してきたが、いつごろから造るようになったのでしょうか。

鹿児島の大口市にある神社の棟札につぎのような大工による落書がありました。

永禄二（一五五九）年八月一一日　作次郎
鶴田助太郎
其時座主は大キナこすでをちやりて一度も焼酎を不被下候　何共めいわくな事哉

右の落書は、神社のけちな座主が、晩酌の焼酎も少ししか飲ませなかったことに対する大工作次郎・助太郎の怒りのことばであります。この史料は、戦国期の鹿児島に焼酎が浸透していたことを示しています。

蒸留酒は元（モンゴルの大帝国）の東西交流にかかわって、ヨーロッパから中国につたわり、さらに日本に伝来したのではないか、と思います。この帝国は、ヨーロッパ、アラブ、中央アジア、中国に版図をひろげることで、壮大な東西交流をすすめ、この時期に蒸留酒がヨーロッパからアジアにつたわったに違いないと思うのです。

泡盛はタイから伝来したとする説もあるが、そもそもタイへ流入したのは元帝国の東西交流の結果だと思われるのです。

ぶどう酒は、戦国時代にキリスト教の伴天連を介して日本に伝来しました。

フランシスコ・ザビエルは天文二〇年に大内義隆にぶどう酒を献上したし、ルイス・フロイスの『耶蘇会士通信』は永禄六年には大村純忠《おおむらすみただ》に、天正一五年には豊臣秀吉に、それぞれぶどう酒を送呈したと記しています。

味醂も戦国時代から醸造されるようになりました。蒸したもち米と米麹を焼酎のなかへ入れて糖化させ、汁を絞ったものが味醂なのです。

戦国時代の天皇家は衰退のきわみにありました。

大名たちは、国人（被官）の官位を朝廷に奏請し、天皇に献金して、受領名をもらっていました。天皇は官位をあたえた見返りに、多額の礼物をもらい、その領国での禁裏御料所の年貢納入も命じます。同じように困窮している公卿たちも、あちこちの大名・国人をまわって、官位授与の仲介料を得るというありさまでした。

在位中に応仁の乱を経験した後土御門天皇は貧窮をきわめました。三五年間という記録的な在位年数になったのは、譲位しようにも即位の金がなく、上皇として暮す仙洞御所を建てる金もなかったからでした。明応九年に後土御門天皇が崩御したが、葬式をする金がなかったのです。遺体は、二か月近く、清涼殿の隅にある部屋に置いたままにされていました。腐乱で死臭がひどく、人びとは、目をそむけ鼻をふさいで、逃げるように立ち去っていたのでしょう。

足利家の将軍も、義輝、義英、義昭というふうに即位していくが、彼らは、京都を追いだされたり、他国を流浪したり、京都に様子見に帰ったりするというような情けない姿を晒しています。

上杉謙信は無類の酒好きで人格者でもあった

室町時代の中期以降、一揆が激発しましたが、この一揆を農民たちと一体になって指導していたのが国人です。しかし、一揆が高揚した時代に国人は農民を裏切って、みずから戦国大名にのし上がって農民を弾圧するようになったり、戦国大名の家臣団に組みこまれたりします。こうして農民は統一戦線の柱を喪い、惣ごとの分散孤立にもどされ、戦国大名のための人夫をつとめたりする存在に転落していきます。要するに国人たちが反民衆という針路を採ったことが、近世封建制度が鉄壁のものになった要因のひとつと思われるのです。戦国大名は、検地、分国法、城下町、領国開発、家臣団編成などを実施していきますが、それらは江戸期体制の原型となります。

戦国大名は強烈な個性をもっています。

武田信玄と上杉謙信が激突した川中島の戦いは五度もありましたが、信玄も謙信も同じように信心深い人物でした。

信玄は妙心寺の臨済禅を信仰し、剃髪し坊主頭です。卜占《ぼくせん》や筮竹《ぜいちく》を信じて、合戦に臨むような武将であり、近代的人間像からは遠くはなれた実像をもっていました。

謙信は兄と争って家を継ぎ、二二歳の若さで越後を統一して注目を集めました。謙信は、毘《び》沙門天《しゃもんてん》を信仰し、「毘」の字の幟をたてて出陣したのはよく知られています。謙信には、七歳ごろから寺で修行生活を送った経験があります。寺では座禅することをみずからに課し、和歌や漢詩を詠み、楽器を演奏したり、武闘訓練もしていたようです。

獣類、鳥類の肉はいっさい口にせず、人格的にも優れた面が多かったといえるでしょう。ライバルの武田信玄でさえ、「信義と仁愛に篤い武将」と謙信をほめており、人格者とみなされていた。しかし、怒ったときには残虐な行動に走ることもありました。

謙信は無類の酒飲みで、清酒を飲むこともあったが、ほんとうは濁り酒をこよなく愛していた。「越後の酒は極上ゆえ、余分な肴は不要」として、梅干しやみそをつまみ、酒をあおっていたのでした。

馬に乗っているときでさえ、謙信は酒を離さなかったので、「馬上杯」という遺品がつたわっています。馬で疾走しているときでさえ、馬上杯を傾けていたらしい。

川中島の戦いが終わって、上杉軍の第一陣が帰ったとき、朝日を浴びながら、兵士と飲み、昼に第二陣がもどって慰労の酒宴をひらき、夜、月光のなか、第三陣の者たちと飲みました。つぎの日も、おなじように飲みましたが、謙信は抜群に体力に秀でていたのです。カッとなりやすく、ストレスをもためやすい性格で、梅干しやみそを肴に大量飲酒していたので、体によくありません。

晩年、体から酒気がぬけると、視野一杯に数十万匹、数百万匹の小虫がでるようになります。幻視であり、酒を切ってから三日以内に出現するものです。

謙信は生涯妻帯をしませんでした。男色家（同性愛好者）という話は、近衛前嗣《このえさきつぐ》が謙信にあてた書簡に「若もじ（若い男）数奇のよし承り及び候」とあることによって判明しています。のち名家老と評された直江兼続《なおえかねつぐ》が相手をしていたといいます。謙信は四一歳にして脳卒中で倒れ、再起したが、八年後に再発して死んでしまいました。

直江兼続は、子どものころ、上杉謙信に取り立てられて謙信の養子である景勝の家庭教師格になります。謙信と景勝は叔父と甥の間柄です。兼続は謙信を身近に見ながら成長していきますが、謙信と同様に商品経済をバカにして農業を重視し、農民の利益を熱心に追求し、諸事に努力を怠らないという美点があります。子どものときから謙信に心酔し、謙信の処し方を学んできたためか人格的なものまで似てきたようです。

謙信が逝去したとき、景勝が二四歳で兼続が一九歳だったのですが、越後の国を守りきることに成功しました。この苦難の日々から景勝には年下の兼続への信頼がゆるぎのないものとなります。

慶長三年、上杉景勝が秀吉によって越後から会津一二〇万石へ移封され、直江兼続には米沢三〇万石をあたえられたのです。家老の分際でこれだけの大封をもらった例がなく、兼続の評価の高さをしめすものだったといえるでしょう。

関ヶ原の戦後、上杉景勝は、家康打倒の兵をあげた罪科によって、会津領を没収され、米沢三〇万石に転封されました。兼続は無高になりました。

景勝は兼続のことを気の毒に思い、三〇万石のなかから六万石をだして兼続に与えたのです。普通の主君なら兼続に死罪を命ずるのですが、景勝には男気がふれていました。

一方、兼続も情と義に篤い武将で、もらった六万石も五万石は盟友たちに分与してしまうほど無欲でした。この後も、兼続は、家康の老臣本多正信の子政重を養子にして、上杉家の安泰をはかったのでした。

公家の四九年間の日記に書かれた酒歴

戦国時代に文献を遺した公家は数が多い。『言継卿記《ときつぎきょうき》』という日記の筆者である山科言継と、『言経卿記《ときつねきょうき》』を書いた山科言経もそれらのひとりで、ほぼ同時代を生きます。

言継は正二位で権大納言で、装束、故実、音楽に造詣がふかく、歴史にも通じていました。

一方、言経のほうは権中納言で、京都町衆や医学にくわしい人です。
言継がたいへんな上戸であるのに対して、言経はあまり飲まない人であるという違いがあります。

公家の序列のなかで、摂関を輩出する家筋をトップランナーとするならば、山科家はそれよりかなり水をあけられた第二走者でした。

山科言継は、荘園制の崩壊期に立つ公卿として経済的には楽ではなかったようですが、四九年間にわたって正確な日記をつけたお蔭で、言継は今日、戦国時代を代表する超有名人になっています。二〇歳の応永七年から六九歳の天正四年までが日記の記載年代ですが、日記を書きだした二〇歳のころのものでも実によく酒を飲んでいるし、最晩年の六九歳の日記にも飲酒が頻出しています。

言継が日記に書いていることですが、毎日のように宮中に参内したり、親戚の公家を訪問したり、公家や武家から訪問されたり、言継の交遊範囲は広いのですが、公家、僧侶、武家のそれぞれのトップグループとは交わりがありません。正二位の権大納言だから摂政、関白などと交際することがなかったのでしょう。

しかし、交遊圏の人とはしばしば碁をうち、勝ってよろこび、負けて残念がり、連歌の歌会にでることも和歌の集いに顔をみせて一首をひねりだすこともあります。

日記は全般として、ふざけるところもなく、陰にこもることもなく、人を非難することもなく、言継が学問もある穏やかな明るい人柄であったことをうかがわせています。

碁、連歌、和歌の後、かならずみんな車座に飲んでいます。当時の公家らは、餅や草餅をおやつのようによく食べ、それを肴にしてよく飲んでいます。深海魚のエイまで食べています。言継はなかなか義理堅いというべきか、友人に腫物ができたときは、前後四回も見舞いに行っています。

公家の屋敷に遊びに行った言継が、みんなのまえで、平家物語第一巻を朗読させられたが、そのあと、大宴会となり、深夜に帰宅しました。翌日は猛烈な二日酔いになり、終日、寝床で苦しんだと書いています。

永禄二年二月の日記を読んでいくと、連日のように飲酒したとする文言がでてくる。一日に二回、三回と飲むことも珍しいことではありません。五日、六日、七日、八日、九日、一〇日、一一日、一二日、一三日と日記をつけ、それぞれの日に飲んだと書きこんでいます。朝、昼というふうに二回飲むことも多いし、三回も飲むこともかなりあります。言継のすむ公家社会には現代のいそがしい人のように朝食会があり、そこでも酒がでて、参会者が朝からご機嫌だったのです。

二月一三日は二回飲んだが、二回目の酒のあとに「予沈酔了」と書きこんでいる。「私は大酒を飲み、すっかり酔っ払った」という意味でしょう。一四日は、訪問することを要請されていた言継であったが、「予余酔気之間不参」と記し、休みました。二日酔いによる欠礼でした。

しかし、二月一五日は、ある公家邸にでむいていき、大酒を飲んでいるし、二月一六日も天皇に酌をしてもらったと満足そうです。そして、天皇らのまえで、得意の音曲を披露し、そのあと、酒で喉をうるおすのでした。

話が横道にそれますが、仲間との共同飲酒が、「友好関係にあることを確認する儀式」になったのは、戦国期からだと思われます。それは、昭和四〇年代ぐらいまでの喫煙に酷似しています。そのころまでの日本では、道で友人とでくわすと、互いに喫煙したものです。そのとき、相手のタバコと交換したり、一本のタバコをちぎって分けあって喫っていました。友好関係にあることを確認する儀式としての喫煙でした。それと同じ意味が現代の共同飲酒に付着していますが、共同飲酒が「友好関係にあることを確認する儀式」になった、その始原が戦国時代だと思われる。

確かに、昔の喫煙が、仲間意識なり友情なりをもっていることを相手に示すために喫っていたというのは事実です。現代の複数の人間による飲酒も、「友好関係にあることを確認する儀式」といえるでしょう。

「友好関係にあることを確認する儀式」としての協同飲酒なるものが、戦国時代から始まり、江戸期に定着し、現代までつづいているのです。言継が交遊圏にある人びとと異様なほどの頻度で、盃を交わしあっていたのは、仲間意識の強い公家間だったからでしょう。

山科言継の父の代から、尾張・織田家とは互いに熟知の間柄であったようです。父の山科言綱は、織田信秀（信長の父）と関係が深かったようで、言継も若いころから尾張の統一に関心をむけ信秀・信長父子の動きに注目してきたのです。

いよいよ言継の日記が、信長の動きをフォローするようになります。

京都では、宮中も公家も武家も、信長が入京すれば王都が破壊されるのではないか危惧しています。

『言継卿記』の永禄一一（一五六八）年九月二〇日の条には、つぎのような記述があります。


織田出張、日々洛中洛外騒動也、一両日中之由申、今朝尚騒動也、……（中略）……織田明朝出張必定之由有之、騒動以外及暁天也（信長がいよいよ入京するという噂で、京都は騒動になっている。一両日に入ってくるということだ。今朝も大きな騒ぎになった。信長軍が明日、かならず入京するということだ。騒動は困るが、夜明けになることもある）

九月二一日も二二、二三日にも信長軍が入京しなかった。二四日には言継は宮中に参内して見舞いました。二六日の条に、

今日武家清水寺迄被移御座云々、織田弾正忠信長東寺迄進発云々、山科郷粟田口西院方々放火、於久我軍有之云々（義昭を奉じて入京した信長は、東寺に陣取った。義昭は清水寺に

入った。山科と粟田口あたりで放火があり、久我でも小競り合いがあった）

信長は義昭を将軍職につけて室町幕府の実権を掌握しました。その後、信長は元亀元（一五七〇）年、朝倉義景、浅井長政連合軍をやぶり、翌年、比叡山延暦寺を焼き打ちし、天正元（一五七三）年には義昭を追放して、室町幕府を滅亡させました。

死体を見て喜び、人に死体を見せたいと思っていた信長は狂人である

信長は少年時代に狂気を発症していると思われます。このころ、狂人になったわけで、「大うつけ（大ばか者）」は演技ではなかったでしょう。太田牛一《おおたぎゅういち》が、信長の死後、自身の見聞や諸資料にもとづいて、『信長公記《しんちょうこうき》』を書いたが、かなり信憑性が高い。

天文二〇（一五五二）年三月にあった父信秀の葬儀で、信長は、

信長御焼香に御出、其時、信長公御仕立、長つかの太刀わきざしを三五《しめ》なわにてまかせられ、髪はちゃせんに巻き立て袴も召し候はで、仏前へ御出有て、抹香《まっこう》をかっと御つかみ候て、仏前へ投げかけ御帰。

焼香するとき、刀は縄で腰にくくりつけ、頭髪は茶筅巻《ちゃせんまき》にゆい、袴もはかず、抹香を仏前に投げるという信長であったらしい。

『耶蘇会士日本通信』におさめられたルイス・フロイスの書簡は、

この尾張の王は年齢は三七歳なるべく、長身瘦軀《そうく》、髯少し。声は甚だ高く、非常に武技を好み粗野なり。正義及び慈悲の業を楽しみ、傲慢にして名誉を重んず。決断を秘し、戦術に巧みにして、殆んど規律に服せず。部下の進言に従うこと稀なり。

信長は少年時代に気がふれたので、酷薄残虐な性格になり、手段をえらばず、草を刈るように人を殺すようになりました。信長は、同母の弟信行を殺害し、つぎつぎと陰惨な殺人をくり返します。叔父の織田信光の殺害も信長が黒幕だとされます。

元亀元年六月の姉川の戦いでは、浅井・朝倉勢は九六〇〇人も戦死し、信長は「野も畠も死骸ばかりに候」と手紙に書いていています。

元亀二年九月、延暦寺の根本中堂以下、すべての寺や僧坊、神社に火をかけました。逃げる僧侶をつかまえると、信長のまえに連行し、命ごいをするも首を刎ねました。僧俗女子どもが三、四千人も犠牲になりました。

天正元年、浅井久政・長政父子を自刃に追いこみ、朝倉義景も自刃しました。

天正二（一五七四）年正月元旦、信長は、近臣の者と酒を飲みましたが、珍しい肴が呈されます。漆でかため金泥で彩色した、義景、久政、長政の頭蓋骨でした。三人の頭蓋骨をさわりながら、信長たちは哄笑し、痛飲したのでした。『信長公記』が書くように「古今承り及ばざる珍奇の御肴」というわけでした。

天正二年九月、信長は伊勢長島の一向一揆をほろぼします。それは恐ろしさのあまり鳥肌が立つような大量殺戮でありました。信長は家臣たちに、

「男女ことごとく撫で斬り」

を厳命し、降参したいと願いでても、

「根切りにせよ」

と命じたのです。逃げのびた一揆衆は決死の覚悟で、家屋に立てこもった。信長は部下に命じて、四方八方から火を放ち、二万余人の男女を焼き殺しました。

信長は、天正三年八月、越前の一向一揆を討滅させるため進軍します。丸腰の一揆衆に襲いかかり、府中の町でも一五〇〇の首を刎ね、その近辺でも二〇〇〇の首を切ったのです。信長は村井貞勝への手紙で、

府中町は死骸ばかりにて、一円のあき所もなく候。見せたく候。今日は山々谷々をたずねさがし、打ちはたすべく候（「出雲泉文書」）

と書いています。山々に身を隠していた者たちも発見されしだい首を刎ねられました。『信長公記』は、男女の区別なく殺された者の数は、八月一五日から一九日までの間に報告されたものだけで、一万二二五〇余人、その他は数が把握できないと記しています。

この越前の一揆討伐では、何人斬ったかを証拠づけるために信長軍は、「鼻そぎ」「耳そぎ」をおこなっていました。

殺戮された側の史料も遺っています。小丸城の跡から出土した瓦には、針金で書きこみ、その後、焼きあげられたらしい文章があります。

「後の世の人よ。この文章を読んだ人は語ってほしい。五月二四日から一揆がおこり、前田利家が一揆衆一〇〇〇人ほどを捕まえ、ハリツケや釜で茹でるなどをした」と告発をしています。弾圧を生きのびた農民が後世にむけて訴えているのだろう。

信長は殺戮するたびに酒を飲み、遺体を見て笑い、累々たる死者の群れを人に見せたいと思っていました。

天正七（一五七九）年九月、荒木村重が、伊丹より尼崎城へ逃げたので、信長は怒り心頭に発し、村重の一族の妻子三六人を京都の六条河原で車裂きにしました。

尼崎では、村重の家臣の妻子一二二人がハリツケで殺されました。

信長の怒りがおさまらず、村重の下級家臣の妻子五一〇人を四軒の家に閉じこめ、火を放って焼き殺しました。

南蛮人の持ってきた地球儀をはじめて見た信長は、瞬時にして世界の意味を理解したといわれるほど、明晰な頭脳を持っていましたが、死体を見て喜び、人に見せたいと思うのは狂っていた証拠です。

信長は酒豪でした。いくらでも飲める口をもっていましたが、酔いという非日常の世界が好きではなく、習慣的に飲む癖がありませんでした。しばしば飲んでいたのですが、接待のためであったり家臣たちを慰労するためであったりしました。

飲酒に契約の意味が込められていた

秀吉は、武家の頂点に立つとともに天正一三（一五八五）年に関白、翌年には太政大臣に進みました。

ついで秀吉は後陽成天皇から豊臣姓を与えられました。しかし、豊臣政権は基盤がよわく、配下には戦国社会を勝ちぬいてきた有力大名も多く、蔵入地《くらいりち》も少なかったのです。

足軽・百姓の出身で、主君（信長）からサルとよばれ、実際、ハゲネズミのように風采のあがらぬ男でした。しかもこれといった、後援してくれそうなバックもない武将です。

そこで秀吉は後陽成天皇に目をつけ、その権威を利用して成りあがろう、と考えるようになったのです。

秀吉の天皇利用は独創性の高い政策ですが、その原型は信長にあったのです。信長は天皇や皇室にいろんな物を贈ったり保護を宣したりするようになりましたが、それは将軍義昭を追放してバックアップしてくれる人がいなくなったからです。

秀吉は天正一六（一五八八）年四月一四日、後陽成天皇を聚楽第に迎えます。四月一四日から一八日にいたる五日間、京都・内野《うちの》にあった聚楽第に後陽成天皇が行幸したときの、華やかな宴の様子を詳述したものが『聚楽行幸記《じゅらくぎょうこうき》』であり、筆者は大村由己《おおむらゆうこ》なのです。

四月一四日は晴れでした。秀吉は宮中まで迎えにあがり、みずから天皇の裾をもって鳳輦《ほうれん》に乗車するのを助けました。

長い華やかな行列を見ようという群衆が沿道を埋めつくし、六〇〇〇余人の武士が警備にあたっています。聚楽第の座敷の上座に天皇と秀吉がつき、公家、武家も着座しました。

行幸初日は七献まで酒がまわり、初献において秀吉は、自邸に天皇を迎えた事実にすっかり自失のありさまです。三献目は天酌です。

肴として果物、羹《あつもの》が呈され、大盃がまわされていくのでした。

翌一五日、秀吉は天皇や公家、門跡《もんぜき》などに金銀・土地・米などを贈り、天皇は感激のあまり、当初の三日間の予定を五日間に延長して逗留することになりました。

後陽成は一七歳で、聚楽第行幸は生涯のわすれがたい記憶になったようです。この若い天皇は感受性にすぐれて文学好きで、齢をかさねてから宮中で『伊勢物語』や『源氏物語』を講じ、『古文孝経』や『日本書紀』を印刷し、いわゆる慶長勅版を刊行させたのです。

一六日に和歌会、一七日に能楽がありましたが、後陽成はうらうらとした夢を見るような気分で五日間をすごしました。

話が前後するのですが、大村由己に取材させていたということは、秀吉が聚楽第行幸を桃山時代のハイライトとして後世につたえようと意気込んでいたということでしょう。大村は神官出身で教養がふかく、流麗な筆致で『聚楽行幸記』を書きあげるのです。

後陽成天皇の聚楽第行幸に対して秀吉が思いつめていたネライがふたつあります。ひとつは、天皇との親密な間柄を誇示することで、関白秀吉の偉大さを見せつけることです。ふたつ目は、昇殿をゆるされた二九名の大名から、「関白秀吉の命には、どんなことでも完全に従う」という誓約書を取ることであったのです。

誓約させた一七日の夜の光景を大村由己が「ふけ過ぐるまで御酒宴なさり、殿下たち給ひて後、いよいよ御かはらけかさなりて、みな酔をつくし給ふなり」と描写しています。大名から誓約書を取ったあとは、取った者と取られた者が飲酒することで、誓約に契約の意味を付加するのであります。

また、横道にそれるが、日本人の酒には、三々九度、兄弟盃、親子盃を持ちだすまでもなく、古くから契約の意味が付与されていました。世には、たとえば売買契約とかがありますが、双方の義務や権利や罰則を明記し、期日をさだめることで両者を拘束するものになります。飲酒にそういうものが付与されるようになったのは中世末から近世初めであり、忠臣蔵のころは最盛期であり、近代になってからは廃れてしまいました。それでも今日でさえテキヤ社会などの盃事では飲酒に契約機能が残存しているのです。

現代では飲酒に契約的なものが認められるのは、日本以外には台湾の山岳に住む一部族と、東アフリカの一部族だけだそうです。

話が前後するのですが、一七日の宴会でみなが鯨飲するようになると、秀吉は中座しましたが、これこそ秀吉の酒を物語るものです。飲酒にのめることがないのです。飲まねばならない場では飲むのですが、誓約に契約的意味を付与できたと判じると酒をやめるのです。つまり、秀吉は機能的合理的な飲酒に終始し、したがって、家臣たちが機能不全になるような大酒を飲むことには怒りをもっていました。

太閤検地で何がどう変わったのか？

秀吉の統一政策をみてみましょう。

秀吉がおこなった検地→刀狩→身分統制令という流れは一体のものであり、独自性の高いものであり、中世にピリオドを打ち、近世をたぐりよせる政策です。

太閤検地を実行していくなかで、誰を年貢の納入者（税負担者）にするか、ということが大きな問題になっていました。その結果、現に耕作している者が年貢の納入者として検地帳に名をしるすことが決められたのでした。つまり、秀吉の検地は、何世紀にもわたってつづいてきた名主や荘官や国人といった地主層による村落支配を否定し、地主層の下に従属してきた人びとを一丁前の農民として自立させる政策でした。

今までは、荘園領主、守護大名、戦国大名が、地主を通して村落の統治をおこなってきたのと比べ、決定的な相違があります。これは、土地に対する複数の権利や中間搾取を否定するもので、一地一作人《いっちいっさくにん》の原則とよばれます。

地主に従属してきた小農民が、その土地の保有者として認定され、耕作権が保証され、夫婦親子の小経営で独立して農業にはげむ。これが中世農民の願いでしたが、秀吉はそれを実現したのです。

太閤検地によって地主（名主、荘官、国人）は、その後どうなったのか。豊臣政権の家臣団に組みこまれた者も、逆に小農民への転落を強いられた者もいます。小農民へ転落させる措置、つまり地主の武装を解除させるものが刀狩であったわけです。

豊臣政権は天正一六（一五八八）年に刀狩令を発します。

諸国百姓、刀、脇指、弓、やり、てつはう、其外武具のたぐい所持候事堅く御停止《ちょうじ》候。其子細《しさい》は入ざる道具をあひたくはへ、年貢所当を難渋せしめ、自然《じねん》一揆を企て、給人にたいし非儀の動《はたらき》をなすやから、勿論御成敗有るべし。

この刀狩令によって、名主などの旧地主層は、まったくの丸腰となってしまいました。太閤検地や刀狩令と一体的に発令されたのが、天正一九年の身分統制令です。

奉公人、侍・中間・小者・あらし子に至る迄、去七月奥州え御出勢より以後、新儀ニ町人百姓ニ成候者之在《これあ》らば、其町中地下人として相改、一切をくべからず。……（中略）……在々百姓等、田畠を打捨、或はあきない、或は賃仕事ニ罷出《まかりいずる》輩之《ともがらこれ》あらば、そのものの事は申すに及ばず、地下中御成敗為るべし。

右のとおり、武士は農民や商人や職人になることを禁止され、農民も耕作放棄、離村、商人・職人化を禁じられ、身分・職業間の移動がないように法が制定されたのです。太閤検地、刀狩令、身分統制令というひとつづきの政策で、近世封建制が招来するのです。

家康は、三歳で生母と生別しなければなりませんでした。六歳になって織田信秀（信長の父）の支配下にある寺に入れられ、人質生活を余儀なくされます。ついで、今川義元の人質となり、一九歳まで足かけ一四年におよぶ人質生活の苦難を舐めました。

我慢をしつづけた家康ですが、正妻の築山殿を殺害していますし、長男の信康も死にいたらしめています。築山殿は当時のトップエリートの今川氏の血族であり、頼れる人のいない家康を見下すところがあったようです。

家康が妾にはまずしい家筋の糠《ぬか》みその匂いがするような年増女ばかり集めたのは、正妻のトップエリート面に懲りたからだといわれます。他方、秀吉が、淀殿をはじめ好んで名門の若い女に触手をのばしたのとは対照的です。

家康には愚者であるかのように演じる肚《はら》の太さがありました。聚楽第行幸において能楽がひらかれたとき、背だけの低い、肥満タイプの家康が気おくれもなく、背の高い織田信雄（信長の次男）と並んで能を舞ったりして、見物する公卿や大名から爆笑をさそったのですが、みんなを喜ばすためにはあえてバカを装うことができたのです。

右の事実から正直で面白みのある武将であったことが伺えます。酒についても酩酊して長々と談笑することが肌に合わなかったようです。酒宴でも長時間座っているというようなことは苦手でありましたが、ここは秀吉とも似通っています。

第四章　幕末に日本の酒造が大変革された

近世は身分格差の大きい時代で、毎日酒を飲める人と年に一、二回ていどしか飲めない人に分かれます。農民は冠婚葬祭だけ、正体をなくすまで飲んでいました。幕末に薩長の藩政改革が成功し、日本の将来像として富国強兵と殖産興業が提出されました。

国と国のはざまで翻弄された対馬藩家老

対馬と朝鮮半島との交易は、非常に古くからひらかれ、室町時代になってからは対馬の宗氏が李氏朝鮮との国交を担ってきました。対馬を本拠とする倭寇が朝鮮の海岸線を侵し、李朝は苦しみつづけ、室町期以降、李朝は対馬の貧しさをなんとかする一助として米豆を年間二〇〇石与えつづけてきました。

そういう対馬を三世紀の倭を記録した『魏志』倭人伝が活写している。

始めて一海を度る千余里。対馬国に至る。その大官を卑狗と曰ひ、副を卑奴母離と曰ふ。居る所、絶島。方四百余里ばかり。土地は山険しく、深林多く、道路は禽鹿の径のごとし。千余戸あり。良田無く、海物を食って自活し、船に乗りて南北に市羅す。

ひどく簡潔な描写ですが、三世紀から第二次世界大戦ごろまでの地理を浮き彫りにしています。対馬に行けばわかることだが、耕地が少なく、森が浅く、終日、波打際が騒いでいる島で、要するに、通商にすがるしか生存の道がないのです。

李朝が、対馬藩との交渉に際して、くり返し、「通商は朝鮮の望むところではない」と説くのですが、対馬はそれでは糧道を断たれるのです。

嘉吉三（一四四三）年の嘉吉条約によって、宗氏が毎年、五〇隻の歳遣船を派遣することが認められました。永正九（一五一二）年の永正条約では、二五隻に半減され、その後、国交が絶えました。しかし、天文一六（一五四七）年の天文条約によって、二五隻の歳遣船が復活しました。宗氏も島民もたえず貿易の拡大をめざし、弘治三（一五五七）年には弘治条約をむすんで三〇隻にふやすことに成功したのです。

秀吉の朝鮮侵略は、また、日朝間に国交断絶をもたらしましたが、秀吉の死後、善隣友好外交をかかげていた家康が対馬藩主・宗義智《そうよしとも》に命じて、李朝との国交回復交渉にあたらせることになりました。

朝鮮側では、壬辰倭乱に対する怒りがおさまらず、対馬からの再三、再四の交渉をへて、慶長八（一六〇三）年、使者を対馬に送ってきました。使者は「日本が講和をのぞむのであれば、まず捕虜を返せ」といいます。宗義智は、慶長一〇（一六〇五）年、対馬に来航した朝鮮の使者を伏見につれていき、家康に会わせました。

家康は三〇〇〇名の捕虜を返したが、朝鮮側は慶長一一年、国交回復をのぞむのであれば、日本から先に朝鮮国王へ国書を送るようにと要求してきました。名分を重んじる李朝なのです。しかし、日本から先に国書を送ることは幕府がメンツを考えて承諾するはずがありません。メンツを重視する幕府なのです。

対馬藩としては対朝鮮貿易の特権を得られて、藩財政に巨富をもたらすわけだから、国交を回復させたい。宗義智は、家老の柳川調信《やながわしげのぶ》と島川内匠《たくみ》が相談し、結論として、国書を偽造することに決めました。これは、大それた、許しがたい、国と国の間の背信行為だったので、柳川も島川も連日、酒を飲みました。そして、たがいに酒臭い息を吐きながら、額を寄せあいつつ、和を請う偽書を書きあげ、それを李朝に送りました。

朝鮮側ではまったく偽作であるとは露知らず、慶長一二（一六〇七）年に国書を携えた使者を送ってきました。

この前後、ふたりの家老は、二日酔いで頭をかかえながら厳原《いずはら》（江戸期、この城下町は府中とよばれていた）の城下町をふらふらになりながら歩いています。しかし、その国書は、日本から先に送った事実に対する返書となっていますから、そのまま幕府に呈されてしまっては、対馬藩の悪事が発覚してしまう。そこで、ふたりの家老が深酒でぼぉっとした頭で密談し、今度は李朝からの国書を偽作したのです。幕府も李朝もなにも知らないうちに、無事、国交が回復し、慶長一四（一六〇九）年に己酉《きゆう》条約という通商に関する条約がむすばれたのです。これによって、宗氏の歳遣船は二〇隻、米麦は年に一〇〇石になりました。江戸幕府は秀吉の侵略によって無惨なすがたになっていた日朝関係を修復したかったのですが、それを対馬藩が代行してくれたというので、そのご褒美として肥前国の田代地方一万三千石を対馬藩に与えているのです。

その後、歳月がながれ、国書偽造の発覚の日を迎えます。

悪事を重ねてきた柳川調信は、宗義智の没後に新藩主の宗義成と対立するようになったのです。ついに柳川は、寛永一一（一六三四）年、将軍家光に、義成が対朝鮮貿易に不正をはたらいていると訴えます。その結果、逆に柳川調信の国書偽造が隠しきれなくなり、家光が柳川を津軽に流しました。

江戸では市民が一日一合飲んでいた

近世政治史に造詣のふかい辻達也氏が、幕政初期でも宮中には退廃の風があったことを掘り起こされました。慶長一二年、秀忠に娘和子が生まれたころ、将来のことですが和子を入内させて、将軍が天皇の外戚になろうとする思惑が幕府にはびこっていました。

慶長一六年に後陽成天皇が譲位し、息子の後水尾天皇が即位しました。幕府は虎視眈々と外戚の座を狙っています。元和四（一六一八）年には朝廷から、「来年、和子を入内させてもいい」という内旨が下りました。

そうこうしているうちに、ごたごたしたいざこざが起きてしまいました。

将軍家が関知しないところで、後水尾天皇が若い女に子どもを生ませていたのです。具体的には、後水尾天皇が公家の娘を寵愛し、その女が男児と女児をひとりずつ生んでいたのです。

朝廷のスキャンダルを知った将軍家では、和子の入内をくり延べにしました。

将軍秀忠の夫人・徳子は、自分の娘・和子が嫁入りする後水尾天皇に隠し子がふたりもいるということを赦せない。

徳子は秀忠より六歳も年上の姉さん女房で、病的なまでに嫉妬心が強くて、秀忠が側室と睦みあうことにも怒る女なのです。

そのころは、宮中にも公家にも退廃の風がありました。江戸や大坂、京都では三味線の伴奏で、遊女たちがいかがわしく踊る女歌舞伎が流行していましたが、その女歌舞伎が宮中で催されて、遊女たちが群踊するということがしばしばあったのです。

昼ひなかから酒宴がもたれ、嬌声をあげる遊女たちが逃げる公家たちを追いまわしていたのでした。昼間から酒宴になり、小唄を歌い浄瑠璃を語り、花合せ、双六、碁で博奕をうち、日をすごすという光景であったといいます。

右のようなごたごたを乗り越えて、元和六（一六二〇）年、和子が入内しました。

江戸時代の前半に宴席で、大盃をまわして飲むということが廃れ、各自のまえに猪口《ちょこ》が置かれ、それで献杯や返杯をするようになりました。

そのころ、江戸やその近辺に「地廻《ぢまわ》り酒」とよばれる酒が興りましたが、品質が劣っていました。白く濁った、雑味の多いもので、醸造技術の高い上方からは、金を払って買うほどのものではないと見られていました。上方では、すっきりとして、辛口の透き通った酒が普通でした。だから、上方の酒は江戸で大人気を博するのでした。これがすなわち、「下り酒」といわれるもので、伊丹、池田、灘目から菱垣廻船《ひがきかいせん》によって、他の商品と混載で江戸へ輸送されていました。

その後、高速で船賃も安い樽廻船が就航し、「下り酒《くだ》」の人気に拍車がかかります。江戸で、どれほど酒が飲まれていたのか。

江戸の人口が一〇〇万人で、一九世紀の初頭、文化・文政期には一〇〇万樽（四斗樽）以上の下り酒が江戸に入ったというのです。江戸では、女をふくめて、老人や赤子もふくめて、ひとりが年間一樽、すなわち一日に一合を飲んでいた計算になります。もし、壮年期の男子にかぎれば二合にも三合にもなっていたことでしょう。

酒がよく飲まれるようになって、江戸幕府は、酒造の統制に腐心します。

江戸時代はいわば米本位制だから、食用米の確保を最優先します。凶作の年に米価が高騰すれば、封建制度の根幹にかかわってくるので、幕府は株仲間というものを設定し、酒造家の数を制限しつつ彼らから運上金・冥加金《みょうがきん》を取るのです。酒屋に酒造用の米の石高を明記した株を交付して、酒造高を決めていました。

幕府は明治になるまで、その年々の豊作、凶作や米価の推移におうじて、酒造が「二分の一造り」「三分の一造り」「四分の一造り」「五分の一造り」となり、あるいは「勝手造り」となることもありました。

元禄年間（一六八八～一七〇四年）になって、屋台の原型である一串三文の田楽の辻売りがあらわれました。それまで、江戸には食事のための店がなかったのです。江戸の市民が外食できるようになったのは、元禄の世になってからです。そして、簡単な肴をだす居酒屋が登場するのです。

ある酒造史にくわしい研究者が、

「江戸期は、地方の農山漁村で、日常的に酒を飲むことはあり得ないことであった。日本人全体をみると、日常的な飲酒習慣が広まったのは、つまり酒を買って飲む習慣が広まったのは、明治も中ごろのこととするのがよい」と述べています。

私は右の説に反対しています。

私は想像以上に江戸時代も早くから民衆に酒が浸透していたと思うのです。

江戸時代の農民は、御触れ書などによってきびしく規制され、代官・郡代→五人組によって監視されていましたが、規制・監視の網をくぐって、秘密裡にどぶろくを造り、飲んでいたと思います。明治の中ごろよりももっと早期に飲酒習慣が国民に浸透していたはずだと思うのです。江戸時代中期以降の江戸において、市民が、女や老人、赤子も計算に入れて、ひとりが一日に一合飲んでいた勘定になっていますが、成人男子にかぎれば一日に二、三合も飲んでいたでしょう。日本に酒びたりの地域があって、その周縁において禁酒社会のようなことが成立するはずがないと思います。もし、農村で日常的に飲むことがあり得ないのなら、江戸でも禁酒社会に近い状態であらねばならないはずでしょう。

大根や大豆、小豆の葉をまぜた雑炊を食べねばならなくなることがわかっていても、農民はどぶろく用にこっそり貴重な米を使っていたはずです。明治中期よりももっと早期に飲酒習慣が日本人に浸透していたと私は考えるのです。

晩酌は江戸中期に豪農が始めたものか

明治時代の労働者・貧民に同情をよせ、その実態調査をした横山源之助（明治四〜大正四年）が明治三一（一八九八）年に『日本之下層社会』を刊行しているが、横山は同書に「一〇人中、七、八人まで酒を飲む」と書いています。そして、機械工場の労働者の家計を公開します。その詳しい家計簿を見ていくと、四人の労働者うち、三人に酒による出費があります。その三人は、総支出のうちの五〜六％が酒代に消えており、はっきりと月に五升飲むと明記した労働者もいます。三人そろってなかなかの上戸です。これは明治三〇年前後のことであるが、当時もよく飲んでいたのです。

横山の著書にあらわれたのは晩酌ではないか、と思えてくるのだが、晩酌がいつごろから始まったのかについては確たる証拠がないため、現状、諸説が語られています。昭和に入ってから、大正期に入ってから、明治に入ってから、江戸後期から、江戸中期から、という塩梅に。

私は農業生産力の向上という視点から、江戸中期ごろ、庄屋などの豪農が晩酌を始めたものにちがいないと思っています。日本の農業史にとって江戸中期ほどかがやかしい時代はありません。耕地面積が拡大しました。江戸時代はじめ、一六四万町歩であったものが、一八世紀はじめに二九七町歩に激増したのです。

農具（備中鍬《びっちゅうぐわ》、千歯扱《せんばこき》、唐箕《とうみ》など）の改良が進んだし、金肥（油粕《あぶらかす》、干鰯《ほしか》）の利用も進展しました。すぐれた農書も普及しました。こうして石高が文禄年間の一八四五万石から元禄年間の二五七六万石へと増加したのです。

しかも豪農たちは商品作物（桑、茶、漆、紅花、綿、煙草など）を栽培し、販売することで相当の現金をにぎるようになっていました。私は、江戸中期に、農業生産力の向上を背景にして、豪農が晩酌を始めていたと思うのです。

人間というものは、経済的に余裕が生じてくると、まず、酒を多く飲むようになるものなのです。しかし、生活がさらに裕福になり、金があまるようになっても、それ以上に酒に金をつかうことをせず、芸事・学問・教養・美容に金を投じるものなのです。

私は日本人の生活に日常的な飲酒の習慣がついたのは幕末で、飢饉の年代や飢饉の地域はこれに該当しないと考えています。

横山の調査では、機械工場の労働者四人中三人に酒類による出費があり、月に五升を飲む労働者もいて、右の工場は酒量が多い部類に入っています。

ほとんどの人が飲まない社会で、ひとりの人が過飲するということはあまりないことです。社会に飲むことと酔うことに寛容な飲酒文化がたちこめているので、月に五升を飲む人がでてくるのです。

月に五升を飲む労働者の父親も、かなり飲んでいたように思われます。幼いころ、父や母、あるいは兄が飲んでいるのを見て育ったことがその者を酒飲みにする主因のひとつです。まったく飲まない家族から大酒飲みが出現するということはほとんどありません。

未成年時代から常飲するようになった人というのは、大概、高三になったころ、あるいは高校の終了直前であることが多い。二〇代から常飲するようになった場合でも、大学生活の終了直前が多い。人間というものは、ひとつの時代の「入り」、あるいは、「出」から常飲することでケジメをつけたがるものなのです。

江戸時代は、旅行、移住、仕事、交遊、通婚、創作などで思い通りに事をすすめようとしても幕府と藩が赦さなかった。幕藩体制の桎梏《しっこく》は圧殺的で、それが滅びるかも知れないと思われるようになったとき、すなわち、幕末に、人びとは解放される日の近いことを悟って「日本人の生活に日常的な飲酒の習慣」がつくのは当然だと思います。

元禄という世は、関ヶ原から一〇〇年経ち、武士も禄をもらって寝て暮すだけの存在になってしまいました。農業生産力が増大し、貨幣経済がすすみ、都市が栄える時代に入りました。この時代に御三家のひとつ、尾張の徳川藩に、朝日文左衛門という知行一〇〇石の藩士がいました。

文左衛門は、尾張を代表するほどの酒客なのだが、筆まめで二六年八ヵ月にわたる日記を遺しています。日記は「鸚鵡籠中記《おうむろうちゅうき》」と銘打たれ、その三七冊が、第二次世界大戦が終わったころ、世間に知られるようになったのです。

「鸚鵡籠中」も、自分が入手した情報を〈鸚鵡返し〉書きしるしたという意味であったようです。神坂次郎さんがこの日記に取りくまれ、『元禄御畳奉行の日記』をものされたのです。右の作品は映画化もされ、大勢の人たちが鑑賞しました。

元禄時代になってから畳の使用が一般化し、民家でも使われ、畳あつらえや修繕を管理する役回りとして畳奉行が新設され、文左衛門もこの役に就いていたのでした。

彼は記録マニアでしょうか、藩士として、あるいは尾張名古屋の一市井として、日々の暮しのなかで、見たり聴いたり感じたりした出来事を赤裸々に書きとめていたので、貨幣経済という荒波に飲みこまれる武士の生活がよくわかるのです。

私がいちばん仰天したのは、藩の警備係になったころ、勤務中の昼ひなかに同僚とともに天守閣にあがり、酒を飲みながら、名古屋の市街を見下ろすという場面です。酒を飲んで勤務しているのですが、これは一酒客の逸脱行為だけでは済まないでしょう。尾張藩における封建制度の弛緩であり、幕藩体制が揺らいでいるからこそ、実際に起きたのであり、絶対に、一藩士の資質の問題としてだけで処理できないと思いました。

元禄の世のヒーロー・文左衛門がゆく

文左衛門は、つぎつぎと噴きださずにはいられないことをしでかし、しかし、ほとんど落ちこまずに世を渡っていきます。彼は酒も女もひどく好きで、ギャンブルや観劇にも夢中になる男です。ある日、芝居観劇中に日本刀の刀身をスリに盗られ、鞘だけ腰に差して帰ってきているのです。

間も抜けているのですが、そのことに文左衛門は気がついていません。

下級の藩士にとってお目見えは、主従関係のためにたいへん重要で、命がけで長時間にわたって平伏して藩主を待つのです。藩主が通りそうな廊下や部屋に頭をさげて待ちつづけます。文左衛門の日記には「お目見え」が頻出しているが、数十人もの袴すがたの藩士が、藩主の視線を浴びるため、藩主が行くだろう場所をえらび待ち受けるのです。平伏という姿は肉体的にきつく、空振りに終わった夜の日記から文左衛門の徒労感がつたわってきます。藩士同士が競いあうように平伏するわけだから、藩主の通る時刻や場所についてデマも飛びかうこともありました。

文左衛門の日記によれば尾張藩主も逸脱をくり返しています。藩主徳川吉通も大酒家であり、飲酒に原因のある逸脱生活を送っています。天下泰平の元禄の世、追従に明けくれる家臣に囲まれて、この親藩は昼も夜も酒色にふけっていたのでした。

藩主吉通みずからが「五三次」と命名し、五三個の盃を手元で大事に保管していたと文左衛門が書いています。東海道五三次の宿場をひとつひとつの盃に描いた蒔絵の盃ですが、お気に入りの家臣を相手にして、食卓に並べたその盃をひとつひとつ飲みほして京都にのぼっていくという趣向なのです。藩主が酩酊したら、今度は家臣が、五三の盃を空けつづけて江戸にくだっていくのです。

藩主吉通は、「早飛脚」を名づける新しい遊びを始めます。五三次の宿場すべてを描いた大盃、これには一升二合が入るのですが、藩主が「早飛脚で江戸と京都を往復せよ」と家臣たちに命令する。実際に、東海道を三往復する、底なしの大酒飲みの藩士があらわれ、吉通が絶賛したということです。

藩主が大酒を飲む藩だから、藩士や足軽たちにも、人傷沙汰や内臓疾患によって若死にするものが少なくありません。文左衛門も色んな名目で、飲みに飲みます。個人教授の師匠と飲み、昇進できず残念会で飲み、暑中だ、紅葉だ、雪だといっても盃をあげるのです。理由を見つけるのが上手で、飲みだせばそれらしい雰囲気になっていきます。

文左衛門は、畳のことで上方に出張することを無上の楽しみにしています。

京都に着くなり、旅装もとかずに、こころときめかせて、歌舞伎を見にいきます。

仕事そっちのけで、三日つづきで三度鑑賞し、夜は畳商人の接待をうけ、遊郭にあがっています。この観劇や遊女、女郎の花代はすべて、京都・大坂の畳商人の負担で、文左衛門はいきいきと日記を綴っています。

日記といいながら、秘密的箇所は暗号文字で記入しているのですが、それは文左衛門が妻の盗み読みを警戒したからでしょう。暗号文字をつかって、「茶屋のいわという妓と遊ぶ」とか「半七に誘われて風呂屋へいく。二階によき女がいた」と書きこんでいます。文左衛門たちは湯女がひしめく湯女風呂へ行ったのです。

尾張名古屋は、男女間の交情の濃い町らしくて、文左衛門は二六年八か月の観察期間に一〇〇件近くの密通事件を記録しています。

尾張藩藩主の徳川吉通の生母は、淫奔であることによって有名な女で、その桁はずれの淫蕩ぶりもあますところなく、文左衛門が活写しています。

生母は女官をつれて芝居見物にでかけ、気に入った役者や町人を屋敷に連れてこさせ、昼間から酒を飲ませ、わいわい騒ぎ、ひとつ布団ですごすことが多かったと文左衛門が述べています。淫らな酒色の報いでしょうか、この生母はくり返し腹に子を宿し、くり返し中絶手術をしてもらっていたそうですが、ある典医に色情をおぼえて恋文を送ったこともあったそうです。

最終的に生母は、幕閣から四一歳で蟄居という処断をうけたのですが、屋敷に幽閉され、七五歳で永眠するまで、蟄居生活が三四年間におよびました。

生母は幽閉されていた三四年間に一度だけ、それは五〇代だったのですが、屋敷の樅《もみ》の大木によじのぼるということがあったと文左衛門が書いています。

文左衛門の酒がだんだん変になっていく。

父親に説諭されても減酒しませんし、母親にやめるように遺言されてもやめません。妻の心配をかえりみず、内臓がSOSを発信していても飲むのです。

やがて、腹部の疼痛と、麦茶色の尿に悩みながら、「昨夜の酒に痛みはなはだし（甚だしい）。水泡を吐く」と書いてから死にました。享年四五歳、今日風にいえば、肝硬変を併発させたアルコール依存症であったと思われます。

アルコール依存症は進行性の病気であり、進行を停めるただひとつの方法は、酒を断ちつづけることです。断酒を継続することは、思いの外たやすいことですが、自助グループが成立していなかった元禄期には断酒しつづけるのは至難の極みであったようです。

文左衛門の酒を見ていて、元禄時代の尾張には、飲むことと酔うことに超寛容な飲酒文化が充満していたと思います。

現代社会にも飲むことと酔うことに超寛容な文化が息づいているのですが、それはどこから来ているのでしょうか。なぜ、日本社会は飲酒・酩酊に超寛大なのでしょうか。

数種の説があるのですが、私は神社・神道のキヨメ説が妥当だと思っています。春日大社に行けば、酒樽が山のように奉納されていて、神社・神道と清酒との親和性を認めないわけにはいきません。古来、神道が酒を活用してきました。

日本人のもっている観念的な意識、すなわち死、罪、穢れ、畏れは酒で清められ、解消される、と神道が捉えてきて、そのことがわが国の文化の基底部を形成しています。

ちなみに平安初期につくられた『延喜式』によれば、ここに登録された全国の神社の総数は、二、八六一でした。当時の人口の少なさの割には神社が多かったのです。

古くから日本では酒が際立った効果をもって対人関係に活用されています。そのことは、酒をふくむフレーズの多用性を見れば一目瞭然です。対人関係を始めるとき、「お見知りおきに一献を」といいますし、対人関係を復活させるときには、「久しぶりに一杯」といいます。また、個人間のさしさわりの清算では「飲んで水にながす」という言い方をします。

文左衛門はあまりにも人が良すぎて、色んな人びとからかかる酒席の誘いを断りきれずにいたことがアルコール依存症になった主因であったという気がします。

わが国は飲むことと酔うことに超寛容な国ですから、酒に関する乱暴・狼藉・失敗にも「酒の上でのこと」というふうに赦す傾向が濃厚で、そのことがまた、文左衛門が自身の酒害に気がつくことを遅らせたと思います。

ひょろひょろの農民が歩くと胃袋がちゃぷちゃぷと鳴った

江戸時代、農民は多面的に抑圧されていました。

家康の重臣、本多正信は、「百姓は財の余らぬ様に不足なき様に、治むること道なり」と述べ、家康自身も「百姓共は死なぬように、生ぬ様にと合点致し、収納申付様に」（昇平夜話）と考えていました。

慶安の御触書は、農民の生活をすみずみまでことこまかく規制します。

一、朝おきを致し、朝草を刈り、昼ハ田畑耕作にかゝり、晩にハ縄をなひ、たはらをあみ、何にてもそれぞれの仕事油断なく仕るべき事。

一、酒・茶を買ひ、のみ申す間敷《まじく》候。妻子同前の事。

一、米を多く喰つぶし候ハぬ様に仕《つかまつ》るべく候。

一、男ハ作をかせぎ、女房ハおはたをかせぎ、夕なべを仕り、夫婦共にかせぎ申すべし。

一、百姓ハ、衣類の儀、布・木綿より外ハ、帯・衣《きぬ》裏ニも仕る間敷事。

一、たば粉のみ申す間敷候。是《これ》ハ食にも成らず、結句《けっく》以来煩《わずらい》ニ成るものニ候。

一、年貢さへすまし候得ハ、百姓程心易きものは之れ無く、よくよく此趣《このおもむき》を心がけ、子々孫々迄申伝へ、能々《よくよく》身持をかせぎ申すべきもの也。

幕府側の農民観がよくしめされた史料で、農民は早起きをして、朝は草を刈り、日中は耕作にはげみ、晩には縄をない、俵をあみなさい。酒や茶を買って飲んではいけない。米を多く食いつぶさぬようにすること。男は農業に精をだし、女房は苧機《おはた》を織り、夜なべをして夫婦ともに稼ぐこと。百姓の衣類については、麻の布と木綿以外のものを、帯や着物の裏地にも使ってはならない。たばこを喫ってはならない。食物の足しにもならず、将来病気になるものだ。年貢さえ納めてしまえば、百姓ほど心配のないものは他にないから、結局、十分にこのことを心にとめて、子や孫にまで申し伝えて、しっかり働いて財産をつくらねばならない。

右のように幕藩体制がよってたかって農民をいじめぬきました。

家族全員が死にもの狂いになって、身を粉にして働いても、年貢を納めるとほとんど米麦が残らなかったのです。粟、稗、菜、大根の雑炊で、空腹感をごまかす。大根の葉、小豆の葉、ささげの葉、芋の落葉も捨てることはしません。

税率が六公四民、七公三民で、苛斂誅求《かれんちゅうきゅう》され、水を飲んで飢餓感をまぎらわせる毎日で、ひょろひょろの農民が歩くと胃袋がちゃぷちゃぷと鳴ったのです。

米をつくっている農民自身が、米を食べることからいちばん遠い存在であって、米は武士・町人・職人・寺社関係者の胃袋におさまっていました。

大名は幕府にいい顔をしたいので、二〇万石の領地に二三万石も納め、代官も勤務を査定されるので、四万石の田に五万石を納めるのです。

江戸時代の二六四年間で、不作は一三〇回と記録されている。飢饉は二一回を数えたが、凶作が凶作だけにおわらず、惨たらしい飢饉になったのは、自然現象の異常だけでなく、農村に貧しさと荒廃があったからです。向都離村ということで、農民が都市へ流れこみ、また、出稼ぎで田畑を耕す者が少なくなっていたのです。

農村に踏みとどまっている者にも、金肥や農具の代金として現金が必要で、農に精をだすよりも商人・職人の下で働くようになっていたのです。津留《つどめ》と買占めがより深刻な飢饉にしていきます。

三大飢饉、すなわち享保の大飢饉、天明の大飢饉、天保の大飢饉が空前の惨状をもたらしました。餓えた民衆が食べられるものなら何でも食いました。犬、猫、樹皮、木の根、草、果ては人間も食いました。

人間を食ったと記す古文書が多くあります。人の死ぬのを待ちかねて、まだ温もりのある人体をみんなで刻んで食べました。生きている重病人の肉を飢餓に苦しむ者が切って食べました。また、人を殺してその肉を食った記録も遺されています。

米のとぎ汁まで、一升一六文で売買されていたといいます。

塩気のある莚《むしろ》を噛んだり、消し炭を口にいれたままカマドのあたりで、餓死している村びとがいたと古文書に記されています。

元禄年間がすぎたころから、武士の生活が苦しくなっていきます。商品経済の発展は、決まった年貢収入しかない武士の生活を苦しいものにしました。

俸禄を知行地でもらっていれば、年貢米増徴、新田開発、商品作物栽培も可能だが、江戸中期以降は扶持米《ふちまい》取り、蔵米《くらまい》取りのケースが激増し、このような場合、まったく固定した俸禄以外に家計に入るものがないのです。

財政難の藩は、「借上《かしあ》げ」という名目で、藩士の俸禄の半分を借り上げており、これが永続化し、返されることがないので、実際は減給でした。

扶持米取りの中・下級の武士は、展望のないまま貧しい生活を強いられ、内職に打ち込むようになっていきます。

提灯張り、傘張り、鼻緒すげ、金魚養殖、植木屋、筆づくりなど職種はさまざまですが、このような職種にはそれぞれ町人の旦那がいるわけですから、武士（あるいはその妻）はその旦那に忠義をつくして奉公し、武士が士農工商という身分社会のトップの座から転落していくことになります。

商品的価値が生ずるようになった田や畑

農民の貧困は武士と比べられないほど深刻なもので、幕政初期には農民が経済的にゆきづまったら、女房の身売りか質入れによって入手した一時金でくぐり抜けていました。

元禄のころから、耕作している田畑で質入れし、その金でひと息ついたりすることが行われるようになりました。

田畑で金を借りられるということは、田畑が商品的価値をもつようになったということであり、さらに具体的にいうと、その田畑で収穫された農産物から年貢と耕作者の生活費とを差し引いても、若干の「余り」が生じるようになった、ということです。別のことばで言いかえると、田畑で金を貸してもらえるということは、田畑の生産力が、年貢と耕作者の生活費の合計を上回っている、ということなのです。

田畑が商品的価値を有するようになったのは、元禄時代にかけて、米の反当り収穫高の増加と商品作物の栽培によって、農業生産力が向上したためです。

田畑を質草にとって金を貸すのは、庄屋・名主をつとめる豪農なのです。豪農は、米作以外に、綿花、蚕種《さんしゅ》、生糸、菜種、紅花などの商品を生産し、富をたくわえています。豪農は、貧農の田畑を質草にとり、貧農が返金できないときは質流れ地として、自分の土地とし、その田畑を手放した者に小作させ、小作料（年貢をふくむ）を徴収するのです。

このように元禄時代以降、農民層が二極に分化していきます。ごく少数の豪農と、多数の貧農という分化ですが、幕末に近づくにつれ、それが激化していくのでした。

豪農は、手工業生産と卸売のプロセスに介入して問屋として活動していきます。問屋（豪農）が農村をまわり、貧農たちを訪問してみっつのものを貸します。①機織《はたお》り道具、②原料の糸、③手間賃、です。

数か月後、問屋（豪農）が農村をまわって、綿織物ないし絹織物を回収しますが、この織られた製品は問屋のものであり、こうした生産方法は問屋制家内工業とよばれています。問屋（豪農）は資金をたくわえて経営者（資本家）になっていきます。

この経営者はいよいよ工場（作業所）を建てて、機織り道具で織っていた貧農たちを労働者として雇いこみます。貧農たちが、工場で汗を流す賃金労働者になるのです。かつての豪農が今では工場をもつ資本家なのです。そして、分業と協業によって工程を受けもたせます。具体的にいえば、綿織物の分業は、染色、裁断、紡績、織機という風にいくつかの段階にわけて作業し、このひとつひとつの工程を複数の労働者が協力してすすめることが協業なのです。右の製造法が、経済史的にはマニュファクチュア（工場制手工業）とよばれるものなのです。

江戸時代の後期、とりわけ幕末に酒づくりに大変化が訪れる。

豪農（問屋）が酒造に乗りだしたこと、酒蔵において分業による職階ができあがったこと、および酒造自体が革新されたこと、であります。

幕末、田畑をなくした貧農たちが農閑期に出稼ぎにいくようになっていました。

豪農が酒蔵を建てて蔵元となっても、蔵元ひとりが酒米の買いつけから火入れまでを担当する時代ではなくなってきています。

裏日本の貧しい農民たちが、農閑期の出稼ぎとして、酒造で働くようになってきました。酒造は、特別な勘と技能を要するし、不眠不休の作業であるから高収入になり、稲刈りのおわった晩秋、農民たちが地域ごとに群がるように酒蔵にむかうのでした。

人数は大きな蔵だと十数人、小さい場合には数人が入りますが、時期は一一月から翌年の三月にかけてです。

この集団のリーダーが杜氏で、これは蔵元から委任されて酒の醸造をおこなう責任者です。杜氏に仕えてそれを補佐するのが頭役《かしらやく》です。その下に位置して麹づくりに励むのが麹屋です。酒母づくりの責任者が酛屋《もとや》で、酒造具の管理責任者が二番頭、酒槽についての責任者が船頭、蒸米係が釜屋、雑役係は下働きといいます。

幕末期、日本の酒造に大きな変革が訪れた

既述したことですが、江戸後期になって貧農が多く出現し、彼らは出稼ぎ先を探していました。同じころ、酒がマニュファクチュアによって製造されるようになり、分業と協業による作業工程が人手を求めていました。労働にかんする需要と供給がマッチングして酒蔵に杜氏以下の職階が登場したのです。

江戸時代の末期に有力であった杜氏集団には、山内杜氏（秋田県）、南部杜氏（岩手県）、越後杜氏（新潟県）、能登杜氏（石川県）、丹波杜氏（兵庫県）、但馬杜氏（兵庫県）、備中杜氏（岡山県）、安芸杜氏（広島県）などがありましたが、今日でも名門杜氏として酒造に精励しています。

江戸時代の後半におきた酒造の革新は、いくつかの領域に分かれています。

ひとつは、酒造に用いる水で、近世の後半から水に腐心するようになるのです。つまり、水質と酒質に因果関係があるのではないか、と考察されるようになりました。

もっとも酒造に適しているは、湧き水だとされます。そのつぎは、井戸水とされます。それから谷水、川水と考えられます。

灘五郷は、日本の代表的な醸造地ですが、世評が高いのは酒がうまいからです。

灘の酒造家である山邑《やまむら》太左衛門さんが、兵庫の西宮の水をつかうと美酒ができることに気づいたのです。天保一一（一八四〇）年ごろのことです。他の多くの酒造家も消費者も、西宮の水で醸造した酒のほうがうまいと判断しました。

はじめは「西宮の水」とよばれていましたが、略して、「宮水」と呼称されるようになったのです。阪神電車の西宮駅の近くに宮水発祥の由緒ある古井戸があります。

酒造革新のふたつ目は精米でありまして、江戸時代に精米の技術開発があったことも忘れることができません。

酒造家は白米をつくるために古くから足踏み精米に頼ってきました。すなわち、唐臼《からすき》をえんえんと踏みつづけるのです。たいへんな労力と時間のわりに精米量が少ないという欠点がありました。

唐臼で搗《つ》く精米から、水車精米にはじめて切り替えたのは、灘五郷です。それは明和のころ

（一七六四～一七七二年）のことです。六甲山系の急峻からながれる川を利用した水車で精米すると、ふたつのメリットがもたらされたのです。一定の時間に大容量の米を白米にすることができるようになったことと、唐臼では考えられないほど真っ白に精米できるようになったこと、この二点です。

酒造革新のみっつ目は、「寒造り」の開始であります。

大昔は一年中醸造していました。そういうふうに年がら年中醸造していたが、やがて、江戸後期になってからのことですが、日本の気象が通年醸造に適さないことに気がつくようになったのです。とりわけ、夏の高温多湿が酒に異常発酵をもたらしているということがわかってきたのです。

分業と協業によって酒づくりをするようになってから、冬季の酒づくり（寒造《かんづく》り）に踏みきったのです。そして、裏日本の農山村の男たちによる冬季の出稼ぎを酒蔵が吸収したのです。

天明・化政期に儒学から遠くはなれた、ふたつの学問が興ります。それは国学と洋学です。賀茂真淵や本居宣長は、古事記・万葉集などの古典を厳正に見つめ、前野良沢や杉田玄白も一老女の腑分けを注意深く見つめました。古文の一語一語、内臓のひとつひとつ見つめる研究法から、酒米、水質、酒質を「モノ」として見つめる習慣がうまれ、日本人もようやく科学的な探究心をもって酒造に取りくむようになったのです。つまり、酒造の科学化です。

また横道にそれますが、酒造が革新されつつあった幕末、ほとんどの藩は恒常的な赤字財政、商品経済の進展、農民層の分化、百姓一揆などに苦しんでいましたが、果敢に藩政改革に立ちあがる藩もありました。

長州藩では村田清風が木綿、紙、塩、菜種、藍に藩専売制を導入し、藩債の整理をおこない、農民負担の軽減をはかりました。薩摩藩でも調所広郷《ずしょひろさと》を登用し、藩債整理をおこない、砂糖などの専売制を強化し、琉球貿易をさかんにしました。

薩長とも藩権力の強化に成功し、雄藩として幕末の政局に主導的な役割を果たしていきます。幕末における薩長両藩の成功モデルが、明治期の「富国強兵」「殖産興業」という国家ヴィジョンになっていくのです。江戸幕府の滅亡原因についてはいくつかの説があります。①百姓一揆・打ちこわしなどの反封建闘争の高まり、②欧米列強の黒船で代表される外圧、③マニュファクチュアの進展、④身分制の解体などがそれですが、数種の原因が複合して倒れたのだと思います。

日本では高校生でも一一代将軍家斉については一定の知識をもっています。

家斉はまれに見る好色な将軍で、妾にあたる四〇名、一六人の女を生母とする五五名の子をもうけ、お付きの大奥女中六〇六名を擁し、子が成人してからは婿入り・嫁入りで幕閣は大童であった、という風な知識です。

四八年間将軍に在職した家斉は酒色に耽《ふけ》りきっていた

家斉が将軍の座にすわっていた時代に愁訴《しゅうそ》、越訴《おっそ》、強訴《ごうそ》、打ちこわしが頻発しています。たとえば、土平治騒動、大原騒動、地割騒動、浅川騒動、牛久騒動、紙問屋騒動、糸魚川黒川騒動などがそうですが、打ちこわしがともなう激しい一揆であったにもかかわらず家斉は何ひとつ対策を講じることもなく、大奥や西の丸で酒色に耽っていたのです。

北島正元氏は、幕藩体制の危機の分析で定評のあった方ですが、北島氏の著作に蒙を啓かれた私も、以下、家斉について書いていきます。

天明七（一七八七）年四月、家斉が将軍に就きましたが、間もなく松平定信を老中首座として、寛政の改革に入りました。その内容は、きびしい緊縮政策で、家斉は定信から飲酒や性交渉にも限度を設定されます。

しかし、寛政改革の強硬策が反感をよび、町民たちにも「もとの濁りの田沼恋しき」という感情がひろまり、六年後に定信の失脚があって家斉は解放感を味わったようです。

家斉の親政となるにおよび、大奥が華美にながれ、財政は窮迫するようになっていく。

家斉は、類まれな漁色家であり、人後に落ちない酒客で、酒色について多くの逸話を遺しています。通常は、入浴がすむと午後六時ごろから晩飯になります。この将軍は飯を食いながらよく酒も飲みます。若い時分は二日酔いで頭のあがらぬ朝も多かったが、老いて三杯と定めていた。

将軍の飲む酒だから、下り酒の天下一品の美酒と思われるでしょうが、実際は白く濁った、雑味の多い、古い酒だったのです。醸造間もない新酒は体によくないと遠ざけられていたのです。

酩酊すると家斉は、夜は夫人と早く枕をならべて休んだが、入浴後、まっすぐ大奥に泊まりにいく夜もありました。将軍が大奥に泊まる夜は、そこで夕食を食べ、飲酒もしました。それがすむと、一二畳の寝間に入っていく。六〇〇余名もいる大奥の女のなかで、将軍の性の相手になれるのが中臈で、これがいわゆる妾なのです。寝間に入っていくのはこの中臈ですが、実はもうひとりの中臈がいて、「お添い寝の中臈」という通称でよばれていました。北島氏によれば、中臈が先を歩き、すぐあとを「お添い寝の中臈」も歩いて、寝間に着きます。中臈と将軍はひとつふとんに入りますが、「お添い寝の中臈」はふたりから離れたふとんに入り、将軍たちに背をむけて休みます。

つぎの朝、大奥の元締め女中が、「お添い寝の中臈」に対して、夜中、中臈が将軍の相手をしていたときの言動をくわしく聴きだす慣行となっていました。機密が漏れないようにという配慮だったようです。

家斉は天保一二（一八四一）年に他界するまで、四八年間も将軍の座に座りつづけていました。天保の大飢饉にも知らん顔を決めこんで、酒色に耽っています。天保八年に将軍職を家慶にゆずったが、その後は、家斉は西の丸に君臨し、大御所と称して実権をにぎっていました。大御所時代の幕府財政は放漫の極みにあり、大奥も湯水のように金銀をつかい、経常歳入一四五万両に対して、年額五〇万両の赤字をだしていました。

江戸幕府は、日米間の貿易を開始したころより未曾有の危機に直面します。物価が高騰し、下級武士や民衆の生活が破たんするまでになりました。

もともと尊王論と攘夷論は別のものだったのですが、幕末になって一体のものとなり、中級・下級武士たちが尊攘派として燃え上がります。彼らは、藩をこえて同志となり、天皇を崇拝する「草莽《そうもう》の志士」の戦いのみが日本を救うと信じていました。

大酒飲みの孝明天皇は安酒をだらだらと飲む

尊攘派は信じる道を突きすすんで、挫折し、孤立し、苦しみ、そして転生します。

生麦事件、八・一八の政変、薩英戦争、下関戦争、第一次長州征伐などで総力をあげて戦い、そして、ことごとく敗北をかさねたのです。そして、敗北体験のなかから、①攘夷の不可能性、②天皇を「道具」とする必要性、③民衆に支持されることの必要性、④倒幕の必要性を学びとります。

かつて尊攘に燃えていた高杉晋作・井上聞多・伊藤博文は、天皇を道具として民衆をあやつって江戸幕府を倒そうと考えるにいたります。すなわち、倒幕派として転生したのです。長州藩が保守派によって牛耳られていたとき、亡命していた高杉晋作らが下関で挙兵し、二か月の内乱をへて藩権力を奪取します。これが明治維新の発火点になりました。

孝明天皇は幕末の政局に大きな影響をおよぼします。

幕末、尊王論が広がってきたので、天皇は幕府より上位にあるとする考えが強まり、日米修好通商条約の勅許問題から、にわかに孝明天皇がクローズアップされました。

孝明天皇は白人と聞いただけで、嫌悪感から全身にジンマシンができるほど、欧米人に生理的な反感をもっています。

孝明天皇は大酒飲みです。たいそう長い時間をかけて、だらだらと飲んでいましたが、それは宮中が困窮していて酒精分の低い安酒であったからです。この天皇は在位にある間、攘夷の実行を切望していたが、倒幕には反対していました。

百姓一揆、打ちこわしが未曾有に激化する慶応二年一二月二五日に孝明天皇が急死しましたが、宮中の発表では天然痘でした。天皇の遺体には、紫色の死斑が無数にあったことから、宮中をあやつっていた公卿の岩倉具視が倒幕を実行するために、倒幕反対の天皇を毒殺したのだという噂がながれていました。

岩倉具視は、近代日本に巨大な足跡をのこした政治家ですが、現代でも評判はよくありません。一方では、王政復古クーデターの立役者で、廃藩置県にも重要な役割をはたし、欽定憲法の原則をはっきりさせ、明治憲法体制の礎を固めたから、偉大な政治家だったと評することができるのです。他方では自由民権運動の延長線上にもっと明るい近代史を描くことができたはずだという史観に立てば、民権派を弾圧した岩倉具視ほど呪わしい、嫌な、禍々《まがまが》しい、陰鬱な政治家もいないと判じられます。

岩倉具視といえば、維新期に派遣された、いわゆる「岩倉遣外使節団《いわくらけんがいしせつだん》」の集合写真で、現代の日本人でも大概の人が知っているはずです。同行した木戸孝允、大久保利通、伊藤博文らが洋装で写真におさまっているのに対して、岩倉ひとり、紋付き、袴を身にまとい、チョンマゲを結って、傲然と構えているから記憶に残っているのでしょう。

甘いものに目がなかった岩倉具視

岩倉具視は、公卿・堀河康親の次男として京都に生まれのですが、岩倉家の養子となりました。幼少時から言動に異彩をはなっていたのですが、岩倉家が下級公家で、将来性がなかったのでした。このため、岩倉具視は朝廷に実力主義による人材の登用を訴えることもしました。つまり、若い日から積極的で行動的であったのです。

だが、政界において公武合体を推進する立場を取ったので、尊攘派によって失脚させられます。それ以降は洛北の岩倉村で、辞官落飾のうえ蟄居《ちっきょ》を命ぜられたのです。苦難の五年間でしたが、しだいに倒幕に傾き、岩倉具視は諸藩の活動家と通じていたのです。

やがて、倒幕派の旗幟《きし》を鮮明にしたので、明治天皇の即位を機に赦免となり、王政復古を主導します。大名連中を叱りとばして倒幕に向かわせ、天皇中心の新政府樹立に大いに気を吐きます。維新政府では「輔相」という内政と宮中を監督する役職に就きましたが、事実上の首班で、政府を牽引しました。さらに外務卿に就任して、明治四年から六年にかけて、「岩倉遣外使節団」を率いて欧米諸国をめぐります。

右大臣・岩倉具視を全権大使とする「遣外使節団」は四八名の官吏と約六〇名の留学生から構成されていた。一行はアメリカ→イギリス→フランス→ベルギー→オランダ→ドイツ→ロシア→デンマーク→スウェーデン→イタリア→オーストリア→スイスをまわって明治六年に帰国しましたが、旅費に一〇〇万円をかけていました。

「岩倉遣外使節団」は鉄血宰相のビスマルクに出会い、大いに魅せられます。ビスマルクがドイツで進めているような独裁的政治に感激し、鉄と石炭にささえられた「富国強兵」「殖産興業」という日本の二大国家ヴィジョンを生みだしたのです。

帰国後は征韓論に反対し、明治一六年に食道ガンのような死因で他界しました。欽定憲法の制定を悲願として奔走していましたが、大日本帝国憲法の制定を見ることができませんでした。明治天皇の信任には篤いものがあったので、日本で最初の国葬が執りおこなわれました。

岩倉具視は「公」に殉じようと政治に熱中してきた男だから、いつも公務を優先して趣味や健康をかえりみることがありませんでした。政治をあまりにも透徹した眼差しで見ていたので、玄人には受けても一般人に共感されることがありません。

酒でも飲んで胸襟をひらいて談笑することがあれば人気もでたでしょうが、下戸に近い男だったのです。岩倉具視は甘いものに目がなく、家では甘いものばかり大食いしていたのです。岩倉のやってきた政道を見ると、骨と骨がぶつかりあうばかりで、肉や血がない感じで、やはり、酒を飲めない下戸には温かみがないと思えてきます。

保守派の孝明天皇が急死し、その一五歳の子・明治天皇が即位する景色を見て、倒幕派は「まぁまぁ、何という幸運さだ!」と跳びあがって喜んだことでしょう。

天皇は貴く美しいというふうに観念的に頭から天皇の内実にも外形にも心酔してきたのが尊攘派でした。天皇を道具としてその民衆動員力を利用せんとするのが倒幕派で、少年天皇を見て、「いい玉が手に入った」と感激していたはずです。岩倉という男は、閣議などの政務の場で、明治天皇の名をだすことで政敵の口を封じたり、打倒したりしています。

少年明治天皇は剛健な君主を理想として育てられます。それまでの天皇がしていた白い粉を摺りこむ化粧をやめました。地球的規模の優勝劣敗時代にあって、欧米の君主たちに伍していく天皇であれかし、と期待されています。

明治天皇も大酒家として有名です。

岩倉などの考えで、宮中から女官の多くを排除して、女っぽさ、湿っぽさを取りのぞこうとしたのも明治になってからです。戊辰戦争で汗血をながしてきた荒っぽい連中が侍従になってから、明治天皇は彼らと車座になって大きなコップで飲みあうのでした。

第五章　酒飲みたちが先頭にたって近代日本を創った

明治四年から岩倉遣外使節団が欧米をめぐり、ビスマルクと出会ったことが決定要因となって、富国強兵、殖産興業が明治政府の基本政策となりました。第二次大戦後に松村春繁らが断酒会を創設し、酒をやめつづける方法が示されました。

エピソード豊かな酒飲みであった福沢諭吉

福沢諭吉の父は、才能にめぐまれながらも封建制度、門閥制度に抑圧されて、むなしく世を去っていたのですが、福沢が偉大なのは、亡き父の心中を察して、終生、

「門閥制度は親の敵でござる」

と高唱しつつ、出版活動と私学経営という二本柱で、日本の近代化に見事に貢献したからです。福沢は一面ではエピソードの豊富な酒飲みでもあります。

幼い日々から封建的な権威に対して、大いに挑戦的であり、殿様の名前が書かれている紙を足で平気で踏んであるいていました。

そのころの侍などはメンツや世間体から、昼間、商店に買物にいくことができなかったのですが、福沢は「盗みにいくのではない。金を払って買うのだ。恥ずかしいことではない」と胸を張っていき、堂々と酒瓶を買って帰るのです。

福沢は少年時代から飲んでいました。

江戸時代、武士は額から頭の中央にかけて、髪の毛を剃らねばならなかった。幼少のころ、月代（さかやき）を剃るときは痛いものだが、諭吉の母が「酒を飲ませるから、ここを剃らせろ」といい、諭吉も飲みたいばかりに、痛さにこらえていたといいます。そのあと、母から茶

碗にどぼどぼと酒をいれてもらっていたのです。

真夏の適塾では、塾生たちはみんな、丸裸で勉強に明け暮れています。そういう時代であり塾風だったようです。塾生たちは酒を飲むときも車座になって丸裸になって飲むのです。適塾には物干し台があり、夏場はかっこうの涼み場所です。

ある夏の日、名も知らない女の子たちが物干し台を占拠して、おしゃべりをしています。諭吉たちも物干し台で涼みながら酒を飲みたい。一計を案じて諭吉たちが丸裸のまま、物干し台にあがって、女子たちが悲鳴をあげて降りたというのです。

ある晩、福沢が二階で寝ていたら、階下から、「福沢さん、ちょっと来てよ」と女の声がしました。「下女だ。いまいましい奴だ」と福沢が思う。大酒を飲んで寝たばかりの福沢が、素っ裸で降りていきます。下で待っていたのは、緒方洪庵先生の奥様だったのです。

慶応三（一八六七）年、福沢は三回目の洋行をします。船中、大酒をしこたま飲んで、酔った勢いで、仲間にむかって、「幕府は倒さねばならぬ」などと主張したが、帰国後、幕府から呼びだしをうけ、アメリカ行きの前後の言動に不都合があるということで、謹慎処分をうけました。

明治元（一八六八）年、戊辰戦争のさなか、寛永寺に拠点をおく彰義隊と官軍が上野で戦火を交えていたとき、福沢は銃声を聞きながら、ウェーランドの経済書を講義し、「騒乱のつづく日本で勉強を休まないのは慶応義塾だけだ」

と塾生たちを励ましています。

福沢は三〇過ぎから節酒を始めました。まず朝酒をやめ、しばらくしてから昼酒をやめ、それから晩酌の量を減らしました。最後は齢のせいか飲めなくなりました。

福沢の人生は、封建的なものと戦いながら、欧米と結ぼうとする日本の建設を在野の立場から推進することにありましたが、その具体策が言論出版活動と、経済学を中核とする慶応義塾大学の運営であったわけです。

明治の酒税および酒屋会議

明治という新時代に入って、日本人はよく飲むようになりました。

明治一二年の酒造は約二六〇万石です。翌一三年、「酒造税則」が公布され、第二次世界大戦までの骨格となります。骨格のひとつは、誰でも酒造できるという原則をしめしたことであり、ふたつ目は近代的な酒税を打ちだした点です。しかし、江戸時代の酒税率からすれば、たいへんな増額になってしまいました。

明治政府には二大国家目標がありますが、いわずと知れた「富国強兵」と「殖産興業」でありますが、それらの実現には巨額の資金が必要です。

明治の初年には法人税や所得税といった近代的な税収がほとんどなく、農民が負担する地租と酒飲みが負担する酒税以外に税源がなかったのでした。

政府歳入における酒税の占める比重は、はじめ一パーセントから出発し、それが四パーセントになり、明治一一年には一〇パーセントに転じ、明治一五年には二三パーセントに上昇したのです。さらに驚くなかれ、明治三二（一八九九）年には三五パーセントにもなり、それまで国税歳入のトップだった地租をぬいて第一位となったのです。

日露戦争は明治三七年に始まったが、日本軍は攻めあぐね、それどころか、守勢にまわることもでてきて、とどのつまり戦費が足りなくなったのです。政府は戦費を確保するために、明治三八年に大急ぎで酒税を追加徴収したのです。

戦後、「日本人が酒飲みだから日露戦争に勝てたのだ」といわれました。大正七（一九一八）年、所得税が国税歳入の首座につくまでは酒税が国家のためになくてはならないものであったのでした。

すでに述べたように「酒造税則」によって大きな税金がかかるようになりましたが、高知県では、酒造家約三〇〇人が、増税方針に対して、減税嘆願書をだします。

当時、高知県では自由民権運動が燃えさかっていたから、減税を要求する下地があったのです。政府は嘆願書を受理せず、差し戻しました。そこで酒造家は、民権運動の旗手・植木枝盛に減税運動のリーダーシップを依頼したのですが、これが日本酒造史において名高い酒屋会議の発端になったのです。

明治一四年、植木らは、「檄して日本全国の酒造業人諸君に説く」とよびかけます。これは、明治一五年にひらく予定の「酒屋会議」に結集するようにという檄文であったのです。反増税の立場であれば誰でも酒屋会議に参加できます。政府はすぐ巧妙で陰湿な弾圧を加えます。

植木も、酒造家に執拗に結集をよびかけ、その代表者による会議がひらかれ、明治一五年には政府に建白書をだすまでになっていました。そこには、

㈠ 重税は、営業の自由を侵すものだから酒税を軽減する。

㈡ 酒造家に重税をかけても、増税分だけ酒価があがり、それが民衆に転化されるだけで、酒造家は実損をうけないという考え方を是正する。

㈢ 租税のなかで酒税が不当に重い。租税はどの部門でも平等であらねばならない。

㈣ 酒は健康を害するから、政府はできるだけ飲酒に干渉すべきである、という政府の考えを是正する。

㈤ 酒は「驕奢品」である、とする考えを改める。

という主張が盛りこまれています。政府も重税ではないし、酒造家が実損をうけるものではないと主張しました。さらに各種の税のなかで酒税だけが重いわけではないとも反論しました。政府は、建康重視の観点から飲酒に注意をむけていくべし、という立場に執着するとともに、驕奢品説にもこだわりをみせました。

植木枝盛は政府の回答を読んでから、ふたたび批判します。

「重い酒税をかけて酒を値上げさせ、酒税を国民に転化させることの根本に、酒は健康に害があるという考えが政府にある。酒税を引きあげると、消費量が減り、それだけ国民のなかで健康を害する人も減り、飲酒にかかわる犯罪も減少する、とする発想で政府が酒税を増徴することを正当化しようとしている」と植木が批判したのです。

政府が、酒は「驕奢品」と決めつけたことにも植木は反論します。酒はいちがいに「驕奢品」とはいえない。貧しい人にとっても衣類が欠かせないように酒は、寒冷の地に住む者にとっては必需品なのだ。貧しい境遇の人にとって酒は活力をあたえる必需品なのだと植木が主張しました。

地方に群立している小規模の酒造家が酒屋会議に参加していたのですが、伏見や灘で代表される大規模の酒造家は、最初から酒屋会議に参加しておらず、やがて政府の方針案通りになっていきました。

中江兆民も凄まじく飲みました。

兆民は、福沢より一二年遅く生まれていますが、たいへんな酒飲みとして有名です。

若いころ、フランスに留学していましたが、好んでパリの下町に足を運び、貧しい職工とともに強い酒を飲んでいました。

中江兆民における自由と民衆と酒と

帰国後、仏学塾をひらきます。兆民は塾生たちをつれて飲み屋にいき、みんなと飲みながら、フランス大革命やアンシャン・レジームやジャコバン派やルソーについて丁々発止《ちょうちょうはっし》とやりあいました。兆民は、塾生から敬称をつけずに「中江」とよばれることを好んでいます。そのころから、日本では世話になっている人に、盆前や年末に贈答品を送るようになったのですが、兆民の場合、酒ばかりが届くのでした。

兆民が本格的に民権を主張する契機になる事件が起きました。

明治一四（一八八一）年、北海道開拓使官有物払下げ計画が新聞に報道されました。これは、開拓使の廃止にともなって、薩摩藩出身の開拓使長官・黒田清隆が、一、四〇〇万円余の国費を投じてつくった鉄道・炭坑・工場などの施設を、三九万円で無利息三〇年賦で、薩摩藩出身の五代友厚らに払下げようというものです。国民はあきれ、怒り、「有司専制」の政治を非難し、その結果、明治政府は危局に直面します。

この間、政府部内で国会の即時開設を主張していた参議・大隈重信が払下げ反対に同調しだしたので、政府は分裂の危機に追いこまれてしまいます。そのため伊藤博文は黒田長官とむすび、岩倉具視の協力もあおぎ、民権派の機先を制し、開拓使官有物の払下げの中止を決定するとともに、大隈とその同調者を罷免《ひめん》したのです。あわせて一〇年後の国会開設を約束する詔勅をだすことによって、政治危機を脱したのです。これは明治一四年の政変といわれています。

兆民も払下げ計画にあきれ、かつ激怒します。藩閥政府は倒さなければならない、民衆の権利や自由は実現されなければならないと意を決したのです。

ある冬の午後、階段の下の狭い部屋に友人が兆民を訪ねてきていました。火鉢で酒の燗をして、ふたりが酒を酌みかわしながら、自由や民権について、雷鳴のような大声でがなり立てていたのですが、家人は殴りあいの大ゲンカと思ったほどでした。

明治一四年の政変の直後、兆民たちの奮闘によって、自由党が結成され、兆民らが民権運動を指導していくことになりました。

兆民の本領は、「東洋自由新聞」の紙上でフランスの民権思想を普及させることに発揮され、また、藩閥専制政府の攻撃に健筆をふるい、〈東洋のルソー〉とあがめられます。

ルソーの著作を翻訳して、『民約訳解』などを上梓し、天賦人権論による人民主権説を紹介することにつとめました。

明治二〇年、兆民は保安条例によって、東京を追放されます。しかし、大日本帝国憲法が公布され、その恩赦で兆民は追放を解除されます。そして、第一回衆議院議員選挙では、大阪四区から出馬します。みずから住所を被差別部落にうつし、「私はいわば新平民であります」と訴え、部落民の圧倒的な支持をえてトップ当選したのです。

その夜、支持者らの万歳三唱に応えて、兆民みずからも両の手を高々と揚げたあと、壇上に大の字になって寝込んでしまいました。泥酔していたからです。

帝国議会は政府が怖れていた通り、民党（野党）優勢で進んでいきます。政府は買収費をつかって民党の切り崩しを工作します。すなわち、政府が多額の実弾をつかって、自由党土佐派議員二九名の脱党を実現させ、予算が成立しました。

右のような事態に激怒した兆民が、一枚の便箋にすらすらと書きます。衆議院議員の辞職願であり、そこに「私はアルコール中毒になっていまして、歩行も難しく、採決の数に入れていただきにくいので、辞職をお赦しください」と書いたのです。

日本人でアルコール中毒という用語をつかったのは、兆民が最初です。

アルコール中毒ということばは、一八五二年ごろ、スウェーデンの医師マグヌス・フスによって医学用語として用いられたといいます。アルコール中毒ということばがストックホルムから花の都パリにつたわり、留学中の兆民が知ったのでしょう。

兆民には飲酒にまつわる裏話が多い。

あるとき、兆民が酒を飲んで、芸妓と昼遊びをし、その後、下半身を裸のまま街にくりだして、群衆を追い払いました。

また、あるとき、芸妓たちにむかって一〇〇枚ほどの紙幣をばらまき、拾わせ、兆民は「愉快！　愉快！」と叫んでいました。

兆民は『三酔人経綸問答』という政治思想書を刊行していますが、明治思想界を代表する秀作です。酒を酌みながら、戦争や平和や外交や安全保障を論じる鼎談《ていだん》なのですが、登場人物の三人とも酒が大好きという設定です。

三人の酒飲みとは、民主主義を信奉する洋学紳士、軍事的な膨張を策する豪傑君、常識家の南海先生、です。盃のやりとりをするうちに酩酊度も高まって、日本の針路をめぐる議論も熱く燃えてくるのです。この本は、兆民自身の自由民権運動の実体験から生まれているということです。秀作は秀作なのですが、日本の外交や安全保障に苦慮している現代人からすれば物足りない本です。それは、日清、日露の戦争以前には国家間の緊張も、国内の政治的現実も、それほど緊迫したものではなかったことが影響していると思われます。

明治二四（一八九一）年、兆民は禁酒を誓うとともに、実業界に入っていきましたが、実業家としてはことごとく失敗しました。知人に依頼されて遊郭復興運動の黒幕になるなど、人生の後半期に兆民の思想が変質していたようです。

晩年、三菱財閥から、兆民に対して、生活費援助の申し入れがなされました。このとき、兆民は、「お申し出には、よだれを流しつつ感謝いたし、残念ながら痩せ我慢をはらせてもらってご辞退いたしたい」と答えました。

福沢諭吉は明治のはじめ、『学問のすすめ』のなかで、日本人には主君のためには命を投げだす忠臣が多いが、社会のために命を捨てる佐倉惣五郎のような人は少ないと書いています。

私は、兆民こそまぎれもなく後者であり、破天荒なエピソードも奇行も、自由および民衆というものの虜《とりこ》になっていたことの証しだと思っているのです。

すごい酒乱の黒田清隆が内閣総理大臣にのし上がった

黒田清隆は、第一次伊藤内閣のあとをうけて首相になった人で、若いころは倒幕の志士として鳴らし、薩長同盟に尽力し、戊辰戦争の五稜郭の戦いにも功を立てています。

藩閥政府のなかでは薩摩閥を代表するような政治家ですが、世に知られているようにひどい酒乱でした。酒量が一定以上に達すると、からんだり難癖をつけたり暴れたりします。

福沢諭吉より三一年、中江兆民より一九年遅れて生まれていますが、黒田は軍部を足がかりに上昇気流にのりました。明治八年、陸軍の中将兼参謀という要職にあったとき、北海道開拓使長官に大抜擢されました。そして北海道の開発に取組みますが、屯田兵の創設や札幌農学校へのクラーク博士の招致は黒田の業績のひとつです。

北海道の人たちは黒田の酒癖の悪さを怖れていました。軍艦に乗って北海道の沖合を巡航中に泥酔している黒田がアイヌ人の集落に砲弾をブッ飛ばしました。

開拓使に奉職していた期間でも宴席でからんだり、難癖をつけたり、罵声を浴びせたりすることがよくありました。

ある日、酒宴で暴れ、みんなが困惑しているとき、武術家としての力量に秀でた木戸孝允が隣の部屋からあらわれでてきて、「私が方をつけましょう」といってくれました。

そして、黒田の足を払い、腕をひねりあげて、取り押さえました。黒田は毛布でくるまれ、ヒモでぐるぐると巻かれ、巻きずしのようにされて、自宅に送り返されたのでした。

ヒモで巻きずしのようにされた日以降、宴席では黒田が飲んでいても、「木戸が来たぜ」と誰かが耳元でささやくと急に静かになったといいます。

しらふのときは明朗で情にもろい、おだやかな黒田が一定以上の酒量で、獰猛《どうもう》な酒乱男に豹変するのです。黒田の在世中から今日まで書籍・雑誌・新聞などが興味本位に黒田の酒乱ぶりを取りあげてきましたが、それにはつぎに書くような事件があったからです。

事件は、明治一一年三月二八日の深夜に起きました。

開拓使長官の黒田は、妻が妊娠中のため毎晩のように飲みあるいて、家をあけていました。芝明神に幾人かのなじんでいる芸妓がいて、入りびたっているのです。この夜ふけ、東京は芝明神の待合から酩酊して、人力車を飛ばして、麻布の自宅に帰った黒田は、玄関で激怒してしまいました。清（きよ）という夫人が出迎えなかったか、芸妓との仲を嫉妬する小言を聞かされたからだといいます。それで、黒田がカッとなりました。床の間まで奔っていき、そこに飾った日本刀をひっ掴みます。そして、夫人の肩から脇にかけて、斬り倒してしまったのです。

別の噂によれば、殴り殺したとか蹴り殺したといわれる。酔いがいっぺんに醒めた黒田は、妻の遺体を抱きしめて、大泣きに泣きます。

物音の騒がしさによって目を覚ました秘書が、事態の深刻さに驚愕し、薩摩藩出身の大警視・川路利良に連絡を取ります。川路も大急ぎで黒田邸に飛んできます。

川路大警視は、薩摩出身の先輩の苦境を救うために、いうことを効いてくれる医者をえらび、肺病死の診断書を書かせました。

清（きよ）夫人は二〇歳で、妊娠中で、肺結核を患っていました。川路大警視は、家人に緘《かん》口《こう》令《れい》をしき、黒田のアリバイ工作に奔走し、事件の偽装をはかります。そして、遺体はすばやく青山墓地に埋めてしまいました。

しかし、人の口には戸を立てられず、あの夜、女の叫び声を聞いたとか、鮮血のしたたる着物が焼き棄てられたとかの噂が広がっていきます。

新聞・雑誌には、黒田に疑惑の目をむける記事を載せるものがあったのですが、薩長藩閥政府はこれを発禁処分にします。

世間には墓を掘りかえして、真相をきわめるべし、という声が充満していく。

政府としても、黙殺できるものではなく、内閣会議を岩倉具視の屋敷でひらく。

議長は三条実美《さんじょうさねとみ》で、伊藤博文も死骸を発掘して真相を糾《ただ》せという。この席で大久保利通が、同郷の親友であり、たがいに薩摩閥の甘い汁を吸う一員として、黒田を大いにかばい、「自分が責任をもつから」と明言することで、場を収めました。

指名をうけた川路大警視は、「病死か殺害かは遺体を検分すれば、すぐわかる」といいおいて、青山の墓地にいき、墓穴から夫人の棺桶を掘りだします。蓋を少々あけ、遺体をざっと検分してから、

「みんな、よく見ろ。殺人の形跡がないだろ」

といいはなち、柩をすぐ元の通り、埋めてしまいました。

世間の反応はどうだったか。

川路大警視が墓を掘りかえし、確認し、問題なしと言明したことで、この事件は終息しました。しかし、疑念がくすぶりつづけます。出入りの人が、事件の二、三日まえまで夫人が普通にしていたのに、急に喀血して死ぬはずがないというのです。

事件の後、「殴り殺した」説も、「蹴り殺した」説も流布していたのですが、棺桶のなかをさっと見ただけではわからんだろう、という声もありましたが……。

明治二二（一八八九）年二月一一日、明治天皇は、内閣総理大臣・黒田清隆に対して、大日本帝国憲法をあたえ、公布させました。

明治二三年七月、第一回の衆議院議員選挙がおこなわれ、その結果、民党（野党）が多数を占めました。しかし、前まえから政府は、超然主義でのぞむと宣言しています。この超然主義ということばは、憲法発布の翌日、首相黒田が会合でおこなった演説に由来するもので、その内容は選挙結果にしめされた民意にとらわれず、超然と藩閥政府の立場をつらぬくというもので

す。

黒田清隆内閣は、薩長藩閥を中心にして成立していましたが、最大の課題は条約改正の交渉です。同内閣の大隈重信外相が徹底的な秘密主義で交渉をすすめ、改正案が暴露されたとき、猛然たる非難をあびて、黒田内閣は総辞職しました。その後、黒田は改正案に猛反対していた井上馨を恨みつづけ、腹に据えかねて、乱酔した日に井上邸に怒鳴り込むという事件を起こしました。

政権を降りてからも、枢密院《すいみついん》議長や第二次伊藤博文内閣で逓信大臣などを務めましたが、酒乱が治るということはありませんでした。明治三三（一九〇〇）年に脳出血のために五九歳で死にました。

アルコールを交えた人とのつき合いを好んだ伊藤博文

横道にそれますが、近代日本は軍部が独走したことにより滅亡しました。明治憲法では、天皇が陸海軍の統帥権をもつと明記され、これは統帥権《とうすいけん》の独立といわれていたのですが、要するに天皇をロボットにしてしまえば軍国主義にも超国家主義にももっていくことができるという規定です。さらに参謀総長と軍令部長には内閣の議をへずに直接天皇に上奏する権限（帷幄上奏権《いあくじょうそうけん》）があたえられました。

明治憲法が発布されて一一年後の明治三三（一九〇〇）年五月に、第二次山県有朋内閣が、軍部大臣現役制を確立させました。これは、陸・海軍大臣は、現役の大将・中将から任命するという仕組みです。軍部が一致して軍部大臣を拒否すれば、その内閣を総辞職に追いこんだり、気にいらない内閣の成立を阻止できる役割を果たすことになります。

伊藤博文もなかなかの酒飲みです。

伊藤は、初代・第五代・第七代・第一〇代の内閣総理大臣になりました。欧米に三回渡航して、帰国してからはビールやワインなど西洋のアルコールを好みます。終生、晩酌を欠かすことがありませんでした。

伊藤は周防《すおう》の貧農の長男として生まれました。父親が下級武士の養子となったために、博文にも下級武士の身分を得られたのです。

吉田松陰の松下村塾に入門したが、あまりにも身分が低いので、教室に入れてもらえず、廊下に立って耳をそばだてていました。松下村塾での在学期間は短く、木戸孝允について歩き、尊攘運動に加わっていきます。

松陰から伊藤は「才劣り、学幼し。されど性質は素直、周旋屋《しゅうせんや》としては大きく育つ」と評されていました。伊藤は尊攘、倒幕の活動家として暴れまわり、塙次郎や加藤甲次郎を殺害しています。

伊藤は、倒幕活動の後、維新政府の樹立に貢献しました。明治四年の岩倉遣外使節団の副使として欧米を視察しました。帰国してからは、周旋屋として花を咲かせます。すなわち、西郷隆盛らの征韓論を制圧して参議兼工部卿となり、大久保利通の死後は内務卿として政府内で地歩を固めました。さらに明治一四年の政変により対立者大隈重信を政府から追放し、最高指導者になりました。

伊藤の女好きは誰でも知っていることです。伊藤は常時、

「私には御殿のような家に住みたい気持ちも、子孫に美田を遺したい気持ちもありません。これといった趣味もございません。公務で精励したあと、芸者と遊ぶのがただ一つの息抜きなのです」

と遇う人ごとに言いきってきました。しかし、伊藤の女遊びがあまりにも激しいので、明治天皇が、

「女道楽も、少しは慎んではどうか」

と苦言を呈しました。そのことばに対して伊藤が、

「世間には道学者ぶっている男があふれていますが、そういう男は裏に女を囲っているのです。私の女出入りは裏も表もないのですから、認めてほしい」

と返事しました。湿っぽさのない、明朗で、堂々としたところが伊藤の長所です。陽気で、天真爛漫で、アルコールを飲めば、いよいよ、これが冴えました。

アルコールを介しての交遊を好み、深夜、伊藤邸にやってきた客人にも笑みをうかべて酒を

飲ませて接待したらしい。すみ子という最初の妻と離別してからは一七歳の芸者小梅（のち、梅子と改名）に惚れぬきます。

伊藤は政府の主催行事に新橋の芸者衆をつれていくことが多かったのですが、あまりにも人数が多いので、伊藤は芸者をわすれ、梅子が代わりに世話を焼いていました。伊藤は、日韓併合を策して、初代韓国統監となり、明治四二（一九〇九）年、ハルピンの駅頭で、韓国人・安重根の凶弾に倒れました。

清酒や焼酎、ビール、味醂という領域でも、明治に入ってからは科学的な醸造が研究されるようになります。

日露戦争が勃発した明治三七年、大蔵省の下部組織として醸造試験所が設置され、明治の末年に清酒づくりの工程が大幅に短縮される方法が見つかりました。まさに清酒づくりの革命です。それまでは、江戸時代に完成した「生酛《きもと》づくり」で醸造されていたのです。このやり方では、醪づくりの元になる酒母《しゅぼ》を培養するため、蒸米はコシキから取りだすと、酒母室にはこびます。すっかり冷めた蒸米に水麹をくわえて仕込みます。やがて水分が米と麹に吸いこまれたころ、櫂をそろえて練りつぶすのです。これは酛摺り作業といわれます。酵母が十分に増殖すると、酒母の温度を下げ、発酵を止めます。生酛《きもと》ができあがり、本仕込みの醪に用いるのです。この作業は「山卸《やまおろし》」とよばれていました。山卸は、非常な重労働でかつ三週間の時間が必要です。

明治の末年になって、醸造試験所の指導で「速醸酛《そくじょうもと》」がおこなわれるようになりました。これは、乳酸そのものを酛に加えて雑菌をなくしてしまう方法で、作業日数が大幅に短縮されました。現在、ほとんどの酒蔵がこの方法でつくっているのです。

国民すべての禁酒を構想していた男

根本正は、現在では人名辞典にも日本史辞典にも記載されていないことが多いのですが、歴史的に重要な業績をあげた人物です。

江戸末期、常陸国に出生し、自由民権運動に遭遇して多少は活動したといわれます。その後、二八歳で排日感情のつよいアメリカにわたり、一〇年間の苦学を積みました。そして、あっぱれ、アメリカの大学を卒業することができました。

根本はアメリカに滞在していたとき、いわゆる「一九世紀アメリカ・テンペランス運動」の一部始終を目撃し、共感し、魅了され、「これからの日本に必要なのは禁酒だ」と思いをさだめます。

アメリカは産業革命によって酒類が大量に生産されるようになって、さらに蒸留器が改良されて安価になり、一九世紀のはじめは国全体が酒害の坩堝《るつぼ》になっていました。

とくに一九世紀の最初の数十年間は、怠惰・貧困・疾病・事故・家庭不和・離婚・犯罪をもたらすものが過剰飲酒だと信じられて、酒害撲滅が社会の大きなテーマになっていました。

日本でもアメリカの影響をうけて、明治初年から禁酒運動がおきています。札幌、仙台、東京、横浜、長野、京都、神戸に禁酒会がつくられ、救世軍やキリスト教矯風会も活動していたのです。仏教徒のなかにも断酒を実行するグループがありました。

各地の禁酒会のながれをくむ人たちが、明治三一年に全国的な組織である日本禁酒同盟を結成したのですが、この会をバックに根本正が、国民すべての禁酒を構想するようになるのです。そして、選挙に打ってでます。

政友会の代議士となった根本は、最初、禁酒法の制定をもくろんでいたが、同僚議員や選挙区の賛同をえることができません。そこで、「未成年者飲酒禁止法案」をつくり、議会に諮《はか》りました。ここでも同調者を得ることは困難でした。

根本は明治三四年に同法案を衆議院にだしましたが、即刻、否決されました。翌年もだしました。否決されました。

結局、八回目で衆議院を通過しました。

貴族院でも否決されつづけること一二回、大正一一（一九二二）年になってやっと未成年者飲酒禁止法というかたちで成立しました。今日の日本にある未成年者飲酒禁止法は、根本正の奮闘によって、右のような経緯を経て生まれたのです。

普通ならば、二〇歳になれば飲酒してもいいと解釈されますが、この法案の提出者の思惑はちがっていたのです。「一生飲まなくともいいようにするために、まず二〇歳までの間に禁酒の習慣を身につけよう」というものでした。

今日、未成年者飲酒禁止法はザル法だと論難する人がいますが、法律で禁止されていることが社会規範となって飲まないですごす中高生も多いのです。

酒類の購入可能年齢に法律による規制がない国では若年層にアルコール依存症が多発しており、また、飲酒を開始する年齢が若いほどアルコール依存症になる確率が高いという事実から、根本正の未成年者への貢献には非常に大きいものがあります。

一九世紀初頭にあった地球の裏側での主婦たちの酒害撲滅にかけた願いが、二〇世紀の日本で、未成年者の飲酒禁止というかたちで、実が結んだわけですが、若いころからの宿志を法律制定で実現させた根本は、翌年、七二歳で世を去りました。

昭和の初年に酒造が激しく前進する

葛西善蔵は、他を圧倒する酒量を飲んだ、破滅型の私小説の作家です。

青森県弘前市に明治二〇年、米の仲買を業とする宇一郎と母ひさの間に生まれました。

十代の半ばから熱病のように小説家になりたいという思いにとらわれ、二一歳のとき、妻をつれて、東京にでて、徳田秋声の門に入ります。

徳田に弟子入りしたころから、朝から酒を飲んでは習作を書いていましたが、いくら書いても注目を集めることはありませんでした。

つぎつぎと子どもが生まれたのですが、葛西が生業に就くことはありませんでした。また、居が定まらず、転居をくり返します。

酔いがまわってくると、文学は他に替えられない崇高なものとしてあがめ、それに比べて妻も子も卑小なものと位置づけたのです。そして、酒に溺れる自身のみぐるしい酔態さえ葛西の文学をくみあげる泉だったのです。

朝から飲み、書きながら飲み、書けずとも飲む破滅型です。日本の近代で、西欧的な小説基準からいって、本格的な文学とよびうるものは、有島武郎の「ある女」だけですが、葛西の作品には起承転結もプロット構成もなく、酸鼻《さんび》をきわめる彼の実生活を報告したものにすぎないのです。こうした傾向のものは、のちに私小説とよばれ、大正から昭和初年の日本文学の主流になり、自然主義から派生したものでした。

葛西は、大正七年に『子をつれて』を発表したが、この作品で文名をあげ、大正期私小説の代表的作家となります。つぎのような内容になっています。

葛西をモデルにした売れない小説家が、誰にも相手にされない状況で、金策も果てた夜、ふたりの子をつれて、夜の街をさまよい歩く。バーに入って、子どもには好きなものを食べさせ、小説家は酒を飲みながら、芸術家の暮しを嘆く。……という作品です。

晩年、喀血をくり返し、昭和三年、享年四二歳で世田谷の仮住まいで他界しました。法名は、「芸術院善巧酒仙居士」でありました。

日本の酒づくりは、昭和の初年に大きく前進しましたが、それは縦型精米機の導入と山田錦の実用化という二点においてでした。

酒質にもっとも影響するのが精米歩合です。玄米から二〇％の糠分《ぬかぶん》を取りのぞいた精米歩合八〇％の米と、五〇％の米ではできる清酒に天と地ほどの厳然した差がつきます。大半の清酒では、精米歩合七〇％ほどの米がつかわれるが、純米酒や吟醸酒では、玄米を半分かそれ以上に糠分を落とした、米の芯がつかわれています。

稲刈りをした後の米というのは、籾殻《もみがら》がかぶっていて、これを籾米《もみごめ》とよびます。この籾殻を取りさることを籾摺《もみすり》といいます。こうして玄米になります。玄米は精米しないかぎり、酒造につかえないのです。玄米は精米してこそ、酒造につかえる白米になるのです。

日本には中国から唐臼が入ってきて、数百年にわたって、足踏みの唐臼で精米してきたが、精米効率がひどく低かった。江戸後期に水車精米が実用化されました。唐臼よりも水車精米のほうがはるかに効率はよろしい。

明治になってから電気で動く横型精米機がつかわれるようになったが、玄米を擦り合せる方式であったために、精米歩合九〇％ほどの白米を確保できるに過ぎなかったのです。

昭和初年に精米歩合を五〇％にでももっていける縦型精米機が導入されました。これによって、精米は思いのままになったのです。

江戸後期から酒造に適した稲を探すようになっていました。

幕末、ある酒造家が伊勢参りからの帰途、宇治山田でいい稲を見つけ、持ち帰って、栽培したところ、たいへんいい酒ができました。交配をかさね、山田穂と名づけ、さらに研究をつんで、昭和の初年に酒造最適米である「山田錦」が誕生しました。

酒造にふさわしい米とは、大粒で心白があり、タンパク質含有量の少ない、軟質のものがよいとされています。これらは、麹がつくりやすく醪のなかで溶けやすいからです。

戦争の時代に突入してから酒造に赤信号が灯るようになりました。

満州事変から日本は一五年にわたる戦争の時代に入り、統制色が酒造にもおよんできます。米をつぶす清酒というものに不信と警戒の目がむけられていきます。昭和一三（一九三八）年、酒造団体が、自主的に一三％の酒造削減を打ちだします。

そうこうしているうちに、酒造米二〇〇〇万石の削減案が政府部内で審議され、昭和一四年度の酒造生産が半減しました。

戦線が拡大していくにつれ、酒の量がますます減っていき、必然的に街に「金魚酒」があらわれました。これは金魚が平気で泳いでいられるくらい薄い酒という意味です。その金魚酒も、昭和一五（一九四〇）年から施行された酒税法の成分規定によって締めだされました。しかし、昭和一八年、政府は清酒とその醸造段階における醪にアルコールと水を加えて増量する、いわゆる「アル添酒」の製造を許すようになりました。たいへんな事態になってしまったものです。さらに敗戦後の悲惨な食糧難のなかで、昭和二四（一九四九）年には、いわゆる「三増酒」がつくられるようになります。これは醪に、その醪からつくられる清酒の二倍量のアルコールやブドウ糖や水飴や水などを足し、醸造後の清酒が三倍になるようにしたものです。上記のような三倍酒などは、米不足に即応した一時的な措置であったはずですが、その後も長く継承されていくのです。

横山大観、若山牧水、徳川夢声……みんな大酒豪だ

横山大観も大酒豪です。

大観は明治元年に水戸にうまれました。水戸藩士酒井捨彦の長男です。のちに東京に移り、母方の姓横山を継ぎ、日本画家としてめきめき頭角をあらわします。

大観は元もと、酒に弱い体質でありましたが、東京美術学校に入学したころ、指導教官の岡倉天心先生から、

「日本男児でありながら一升酒を飲めずにどうする！」

と説諭されました。説諭というより激励だったでしょう。岡倉先生のことばが堪《こた》えて、大観は涙ぐましい努力をかさね、やがて一升酒が飲めるようになり、酒の醍醐味も知ることができ

ました。

画家として高い地位を築いてからは、お茶碗に清酒をそそぎ、終日、それをちびちび舐めながら絵にむかっていたものです。代表作「生々流転」もこのような秘話の下に描かれたとされています。

中年期から老年期にかけては、

「清酒は白米のエキスでつくられているから、飯を食う必要がない」

とうそぶき、飯は食べずに酒を飲み、少々の肴だけで生命をつないでいました。

末期の水も、大観の願いによって水で薄めた清酒を飲ませたということです。

死後、解剖したところ、胃袋が子どもの拳のような小ささだったらしい。それは食事らしい食事をしないで生きてきたためだといわれます。

酒量にかけては若山牧水の右にでるものはいない。

牧水は、飲めば飲むほど、いい歌をつくりいい旅をしました。

ロマン的心情を朗々とした調べにのせたところに牧水の歌の真骨頂があります。旅にでて感興のわいた土地で歌を詠み、明治四三（一九一〇）年出版の『別離』によって、一躍、歌壇の寵児になります。

若いころから用いてきた牧水という号は、母まきの牧と、家の近くの渓谷の水から成っています。大学を卒業した年に処女歌集を刊行し、尾上柴舟の門に入りました。

明治四五年、友人であった石川啄木の臨終に立ちあいます。大正九年、沼津の自然に惚れこみ、とくに千本松原の景観に魅せられ、一家をあげて移住しました。

愛用していた盃は、思いのほか小ぶりだが、これをちびりちびりと傾けて毎日一升二、三合は越えていました。

起床すると、二合ほどの酒で心身の調子をととのえ、ほろ酔い気分で、自宅に近い松林のなかを歩くのが日課です。

昭和三年九月、自宅で肝硬変のため、死去しました。享年四三歳でした。残暑の厳しい時分の死去にもかかわらず、死後時間が経っても、遺体から腐臭がただよわず、医師が「生きたままアルコール漬けになっていたためか」と仰天したということです。

全国に二〇〇基ほどあるといわれる若山牧水歌碑のまえで、牧水の業績を顕彰する団体が碑前祭をしますが、大概、牧水らしく歌碑に清酒をふりかけます。

徳川夢声を知らない日本人が増えていますが、この人の酒量も見上げたものです。朝も昼も夜も飲み、放送や舞台や出版を中心に多面的に活動して、マルチタレントの元祖のような人生を送ります。

たいへんな酒飲みで、早くも二〇代から深刻な酒害がでていたことでも知られています。

徳川夢声は、島根県に生まれ、東京で育ちます。

東京府立第一中学校（現在の都立日比谷高校）を卒業します。一五歳のころ、近所の五歳年上の人妻と恋に落ちたが、相手の女は、日本人なら知らない人がいないほど有名な女優・伊沢蘭《いざわらん》奢《しゃ》になりました。

大正二年に無声映画の弁士となり、職業生活を開始します。夢声の生涯における肩書きは十本の指では足りないほどで、おもなものは弁士、漫談家、文筆家、俳優、声優などであり、才能の多彩さをものがたっています。

緊張や不安から酒をガブ飲みし、酔いがまわってくると人心地をつき、頭が猛スピードで回転し、弁舌もさわやかになるという骨柄《こつがら》で、二〇代で早くも酒がないと生きていけなくなりました。そして、夢声は二〇代から酒の上での失敗をくり返すようになります。

昭和の時代に入ってから、音声のでるトーキー映画が登場すると、弁士が不要となり、夢声は漫談や演劇に活路を見いだしました。漫談や演劇でも本番のまえの楽屋でトリスのポケット瓶を常備薬のように飲んでいました。

ラジオにも進出し、NHKラジオで吉川英治の『宮本武蔵』を朗読し、人気声優になります。原稿にむかえば達意の文章がすらすら書ける才筆の持ち主でもあり、その才華が昭和一三年と昭和二四年の両度に直木賞の候補になったことにあらわれています。

一筆書くまえにも一献を傾けていました。生涯にわたって約七〇冊を刊行しているが、今日でもマイナーな作家には越えられない冊数であります。

第二次世界大戦後は、新しいメディアの波に乗り、テレビ業界でも実力者として迎えられました。とりわけNHKテレビの「こんにゃく問答」は絶賛を浴びました。柳家金語楼と夢声がホストとなって、ひとりの客人とよもやま話をするのです。間合いの取り方は天才的なものと評価されていました。

『週刊朝日』においても「問答有用」という対談をおこなっていました。この「問答有用」も人気が高くて長くつづき、約四〇〇回、各界の有名人が対談したのです。昭和三四年に『あなたも酒がやめられる』（文藝春秋新社）を出版しているから、その一年まえに断酒会が創設されていることから、夢声も酒をやめていたのかもしれません。

昭和四六年、夢声は肺炎のために死んだのですが、死ぬ直前に妻にむかって「おぉーい。いい夫婦だったなぁ」と話しかけたといいます。

トラ箱の厄介になっていた松村春繁

松村春繁は酒豪中の酒豪で、空恐ろしいほど飲んだ人です。

しかし、松村は五二歳から転生したかのように一滴も飲まなくなります。だいたい人が反対方向にあるきだすのは苦しみが限界に達したときですし、いい時代の幸福を知っているから逆方向にむかうのでしょう。

いつの時代にも破滅的な酒飲みがいますが、松村はこういう人びとに酒をやめて生き直す道を講じた人です。現代の日本の九九・九％の人びとは松村春繁の名前を知らないでしょうが、自助グループに身をおく者にとっては胸が熱くなってくる人名なのです。

松村は明治の末年に高知県の僻村にうまれ、二〇代から三〇代の戦時下において、いわゆる「無産運動」に挺身しています。社会民衆党や社会大衆党で活動した、今日風にいうと社会民主主義を信奉していた人物なのです。

第二次世界大戦の後も、日本社会党に所属し、その高知県連の組織部長や総同盟高知県連の書記長になり、多くの労働争議を指導して人気の高い筋金入りの闘士だったのです。

昭和二二年四月、第一回参議院議員選挙の高知選挙区に日本社会党の公認候補として出馬したのですが、わずかな票差で敗れています。

戦後の民主化にともなって、労働運動も激化し、松村も有名人として列せられていったが、酒量も増加の一途をたどっていきます。

デモ行進するまえに一杯ひっかけます。群衆をまえに演説しているときも飲んでいない松村には迫力がないと、誰かが「会長！　一杯飲め！」とヤジを飛ばすのです。演壇の水差しは、水が酒に替えられていたといいます。

参議院議員の選挙区は、保革の一騎うちとなって、大いに盛りあがりました。

松村は、七五〇〇〇余票を獲得したものの、選挙期間中に大失態を演じてしまいます。立合い演説会の開始まえに泥酔してしまい、演説会の時間帯は警察署のトラ箱に入っていたのです。

参院選から三年が経ちました。

清酒では酔えなくなり、朝から焼酎を飲んでいます。無職に転落し、浮浪者のような連中と飲み仲間になり、安く飲ませてくれる店を探してほっつきあるく日々です。何週間も入浴をしていないから、体の異臭が道ゆく人びとの鼻腔を刺激し、振りかえって松村の風袋《ふうたい》を目で追います。

松村は朝起きてから夜就寝するまで、たえず酔った状態にあり、手元に酒がないと不安にかられます。飲み友達にそそのかされ、後免町（現在は南国市）の町議会議員の選挙に立候補する羽目になりました。

開票結果は、松村の得票がたった二票で、町中が露骨に松村を嘲笑しました。

酒害が進行していく。

一杯にしておこうと思って飲みだすと、酔いつぶれるまで飲んでしまいます。だんだん下品な店で、だんだん安い酒を飲むように変わっていきました。浮浪者のような連中が飲み友だちになってしまいました。ひとり酒も多くなりました。飲み代がないので、小学校の教員をしている妻の学校へいき、泥靴で職員室にあがりました。

松村には刎頸《ふんけい》の友がいます。

戦前の無産運動から手を携えあってともに戦ってきた氏原一郎がその友ですが、彼は今、高知市の市長として高い評価をえています。氏原一郎が松村に、

「酒をやめて、立ち直れ」

と口が酸っぱくなるほど忠告するのですが、松村春繁は馬の耳に念仏とばかりに聞き流すのです。

高知市役所の市長室に氏原一郎の執務机がありますが、そのいちばん上の抽斗《ひきだし》はいつも施錠されていません。いつも百円紙幣が載っているのですが、ふらりと訪れた松村が黙ってもっていっていい、ということになっているのでした。

最近、松村は奇妙な体験をしました。

小さな虫が体中を這いまわるのです。胸にも腹にも肩にも腕にも数千匹、数万匹がぞろぞろと這うのです。その虫を一匹ずつ指でつまんで棄てていくのですが、とてもおっつかない。夜半に寝ようと思って電灯を消すと、伯父の怖い顔がまぶたに映るのです。真っ暗な部屋で伯父の青白い顔貌がぐるぐるとまわるのです。恐怖の余り、高知市内の町田病院精神科に奔りました。

診断名は「慢性酒精中毒による幻覚症」ということであったが、退院した日に飲んでしまいました。その酒も日本酒では酔えなくなり、もっぱらイモ酎を朝から飲みます。

酒を取るか、命を取るか

町田病院への入院も四回になりましたが、密室に閉じこめられているような八方ふさがり感から抜けだせません。手だけでなく、からだも震えています。イモ酎をもとめて裏通りを歩き、ボロ布のようになった松村のからだが悪臭を放っています。

主治医の下司孝麿が、

「松村さん。酒を取るか、命を取るか。ふたつにひとつしかありません。無産運動にかかりきりだったころの元気をだしてください。あなたは、やれる男ですよ」

と忠告するのでした。

実母が危篤になりました。

松村はせめて臨終にでもあやまりたいと思いました。松村が、頭を垂れて、

「おふくろよ。わしじゃ。春繁じゃ。すまん」

と母親の手をにぎります。母は閉じていた目をひらき、松村をにらみつけ、息子の手を振りきったのです。実母にさえ拒否された。松村はその後、灯りの消えた部屋の片隅でうなだれていました。かすかな声が聞こえてきます。

「死にもの狂いで戦った戦前の無産運動のころの気持ちになりさえすれば、松村さん、あなた

はかならず酒をやめられるのですわ。あなたにはそれができる。アメリカにはＡＡという匿名の自助グループがあって、困った酒飲みが支えあって酒をやめています」

下司先生の声が想いだされました。

松村は、母に拒絶されてから五回目の入院をしました。入院中は下司医師に感化されることが多かったものの、退院してから二回目の首つり自殺を図りました。幸い、近所の人たちに発見されて命を取りとめたが、この事件が転機になって断酒を真剣に考えるようになります。

昭和三二年三月から一滴も口にしないようになっていました。

高知市内で日本禁酒同盟の講演会がありました。講師がアメリカではＡＡというのがあって、アルコール中毒者が助けあって酒をやめていると詳述したのです。松村春繁は激しくこころを揺さぶられて聴いていた。講師が最後に中毒者は、助けあい支えあい、力になりあうグループさえあれば、酒はやめられるのです、と結語をしゃべってから降壇しました。すぐ松村が手をあげて立ちあがり、

「今日の集いをいま散会にするのはもったいない。どうでしょうか、いまからみんなで断酒の組織をつくるために、結成準備委員を選んでは……」

と訴えたのです。拍手のなか、「異議ナシ」「さんせーい」という声が響きました。

昭和三三年一一月二五日、松村ともうひとりの青年を会員とする高知県断酒新生会が産声をあげました。その二〇日後には東京断酒新生会も発足します。松村らは、「一日断酒」「例会出

席」という方法論とイデオロギーでもある言辞を掲げて、高知と東京のふたつの自助グループだけで、五年後の昭和三八年に全日本断酒連盟を創設しました。松村はその初代会長に就任しました。元首相の片山哲が顧問をひきうけてくれたことは社会的信認を得るうえで幸運です。

のこりの四五道府県にも自助グループをつくりたい。酒で悩んでいる人びとを救いあげる自助グループのネットワークを全国に築きたい。酒害のない社会にしたい。

松村は、月の半分は高知を離れて全国行脚に費やし、駅のベンチで新しく入会したり、断酒の明かりを灯してくれそうな人に激励のハガキを書いています。

今日、ヨーロッパでは社会民主主義、社民主義がもっとも有効な政治思想として高評価されていますし、政権をになうなどしている社民党も各国に広がっています。松村春繁は社会民衆党→社会大衆党→日本社会党という風に歩んできて、社会主義の平等原理と資本主義の市場原理を融合させたいと念じてきたのです。

もし松村が共産党員なら自助グループ結成の旗を振らなかったでしょうし、もし松村が自民党員でも自助グループの発展に奔走することはなかったでしょう。松村は昭和四五年に肺炎によって死亡しましたが、生前の松村がいつも口癖のように話していたことばが、松村語録（五二項目）として今日に伝わっています。例会場によれば、例会時刻の冒頭に一〇項目ごと、みんなで唱和していることもありますし、暗誦している人もいます。

松村はどうすれば酒がやめられると考えていたのか

松村語録を読めば、断酒という営みの奥行がわかってきます。全国を行脚して、八面六臂《はちめんろっぴ》の活躍をしていたころの松村の息遣いに触れることもできます。また、松村語録の行間から共産党でも自民党でもなかった社会活動家の自助グループに対する構想もうかがうことができます。

松村語録

1・例会にはかならず出席しよう。
2・ひとりでやめることはできない。無駄な抵抗はやめよう。
3・断酒に卒業はない。
4・今日一日だけやめよう。そして、その一日一日を積み重ねよう。
5・まえむきの断酒をしよう。
6・例会には夫婦ともに出席しよう。
7・例会の二時間は、断酒の話のみ真剣に。
8・自分の断酒の道を見出そう。
9・断酒優先をいつも考えよう。

10・アル中は心身の病気である。
11・例会で宗教や政治の宣伝をしてはいけない。
12・酒害者の最大の敵は自分自身であり、酒ではない。
13・自信過剰は失敗のもと。
14・失敗したらすぐ例会へ。
15・アル中は一家の病気である。
16・断酒会は、酒害者の酒害者による酒害者のための会である。
17・酒害者は酒のため墓場に行くか、断酒会で酒を断つか二つの道しかない。
18・会員は断酒歴に関係なく平等である。
19・自覚なき酒飲みの多いなかで入会された勇気に敬意を表する。
20・断酒会員には普通の人より何か優れたところがある。
21・節酒はできないが断酒はできる。
22・飲酒に近づく危険の予防のため自己の酒害をつねに認識しよう。
23・酒害者に対する奉仕は、自己の断酒の糧である。
24・仲間の体験をよく聞き、自分の断酒を再確認しよう。
25・家族、同僚の協力を得るために、絶対に飲んではいけない。
26・断酒会に入会すること。

27・最初の一杯に口をつけないこと。
28・時間励行。
29・仲間に励ましの手紙を書こう。
30・全国組織の拡大につとめよう。
31・きびしさのないところに断酒なし。
32・実践第一。
33・他力による断酒ではなく、自力、自覚の上に立つ断酒であること。
34・失敗しても悲観するな、成功への糧とせよ。
35・消極的だが初心者は酒席にでないこと。
36・姓名を堂々と名乗り、断酒会員であることを明確にせよ。
37・各人の性格の相違を認め、各人が自らの体験を通じて体得せよ。
38・お互いが欠点や失敗を話し合って、裸のふれ合いができるようにつとめること。
39・酒の奴隷になるな。
40・断酒会員であることを誇りに思え。
41・どんなことがあっても、会から離れるな。
42・条件をつけて断酒するな。
43・酒害者の最後のひとりまで残すな。

44・素直な心で、話を聴こう。
45・一年半したら会の運営に参加しよう。
46・私の屍を乗り越えて、断酒会をますます発展させてください。
47・一県一断酒会。
48・会員は人に疑われるような場所に行くな。
49・初志貫徹。
50・君と僕は同じ体質だ。断酒するより他に生きる道はない。
51・語るは最高の治療。
52・例会は体験発表に始まり、体験発表に終る。

一日断酒と例会出席には水際だった効果がある

自助グループができてから六〇年近い歳月が経ち、様ざまな取組みを通して、自助グループの内部に酒をやめて生きていくための知恵が蓄積されています。

世の中には酒をやめたいと念じている飲酒者が少なくありません。しかし、「自分は意志が弱いからやめられるはずがない」と決めつけて、あきらめ、飲んでいる人が多いのです。

例会にでて、日常的に「一日断酒」と「例会出席」に励めば、たやすく酒がやめられます。

自助グループのセオリーにしたがえば酒をやめつづけられるのです。すなわち、飲酒欲求に襲われたら、すぐその場で、今夜一二時までは絶対に飲むものか、という風に腹を括《くく》るのです。時間をハッキリさせ、その時間内は絶対に飲むものかと自分に言い聞かせるのです。今夜の一二時までは今日であり、今日のうちは何があっても飲まない。一二時一分になれば明日であり、明日は腹いっぱいになるまで、飲んでやるわい。そういう風に自分で自分をあやすのです。明日も飲みたくなるかも知れませんが、そのときも「今日一日だけは飲むものか」、という塩梅《あんばい》に思いをさだめるのです。要するに、一日だけの断酒にこだわって、飲酒することを先送りしつづけるのです。飲まない日を積みあげていくのです。一日だけの断酒も、継続すれば一週間になり、一か月になり、一年になり、一〇年になり、三〇年になるのだと自助グループは考えています。現にわが国には、重度の酒害者という身の上でありながら断酒に踏切り、現在二〇年以上にわたって一回も飲んでいない人が一二〇〇人ほどいます。

自助グループは、会員たちにどんなに多忙でも例会に出席するようにと要請しています。例会場に通って、酒をやめている人びとの姿を見たり、飲んでいる人の落ちぶれた姿を見たり、体験談を聞いたりすることは酒をやめる上でたいへん役立つのです。

本を読んだりするのとちがって、二〇年、三〇年一回も飲まずに生きてきた人の姿を見、生の声を聞けば、「自分もやめられるかも知れない」と思うものなのです。「自分も酒をやめなければならない」という気にならない限り、医者の話も「馬の耳に念仏」なのです。

自助グループの大会では、壇上に「一日断酒」と「例会出席」と墨痕もあざやかに認められた二本の垂れ幕がかかげられています。研修会も同じ二種の垂れ幕をかかげています。例会場にも垂れ幕が下がっています。

例会に出席することにはどんな効果、効用があるのでしょうか。このことには先行研究があり、野口裕二氏の『アルコホリズムの社会学』(日本評論社)もその一冊です。同書をベースにした私の研究を左に書いていきます。

そのひとつは、安心感という効果があります。例会は夜間七時から二時間程度もたれることが普通であるが、この時間は飲んでいた時間帯であり、例会出席の道中を加えれば、数時間確実に飲まないで過ごせるという安心感があります。

ふたつ目に元気がでるという効果があります。困難な状況のなかで立ち直ろうとする仲間の努力と意志が、体験談を聴く者を元気づけます。飲まないで過ごしている人でも明日のことには不安をもっているものですが、やめようという決然とした意志を聴けば、「自分もがんばるぞ」という気持ちになるものです。

みっつ目は、客観化という効果です。仲間の体験談を通して、自分の性格や感じ方、考え方の片寄りがわかってきます。私なども問題をかかえて例会にでて、いろんな体験談を聴いた帰路、すっきり問題が氷解した、軌道修正ができたということをしばしば経験するものです。例会場は鏡の部屋だという見解が自助グループにありますが、例会では仲間の存在がみずからにとっては合わせ鏡なのです。

よっつ目に負の記憶保持の効果があります。私たちは生きる過程で耐えられないような苦しみ、悲しみに遭遇することがあります。しかし、そういう記憶も長い歳月が経過すれば、記憶が風化するというか、苦しみや悲しみに切迫感がなくなってくるものです。それどころか、苦しかったことや悲しかったことが懐かしく想いだされ、果ては「あれはあれでよかった」とさえ総括するまでになります。

人としての浅はかさでしょうが、これだからこそ、痛苦の多い世の中をなんとか渡っていけるのでしょう。しかし、酒をやめることを目的にすれば、飲酒にまつわる苦しみや悲しみは風化させてはならず、例会時に聴いたり話したりすることで風化を防止できるのです。

いつつ目に人との接し方がわかるという効果があります。酒害者には人間関係が希薄であったり、それが苦手であったり、人間関係の意識が乏しかったりする人が多いのですが、それゆえ、無聊《ぶりょう》を慰めるために飲んできたし、人との関係を壊して飲んできました。

例会出席をつづけていけば、人間関係の築き方が身についてくるのです。

むっつ目にわかちあいという効果があります。酒害というのは、悲惨で孤独で人を巻きこむ病気ですが、それだからこそ、「同じ体験をした人に出会いたい」と思ってきたのです。酒害者としての苦しみや悩みは、例会において酒害者同士でわかちあえるのです。

ななつ目に偏見から解き放たれる効果があります。

酒害者は病気としてではなく、道徳モデルでみられてきました。このことは、現代でも、「意志の弱いダメなやつ」という見方が横行しているのをみれば明白です。

第二次世界大戦後、わが国でも酒害者は病院に収容され、一応病気として扱われるようになったものの、新たに「精神障害者」というラベリングがなされているのです。例会で過ごしている時間帯はこのようなスティグマから自由なのです。

やっつ目に表現力がつくという効果が認められます。酒害者には口下手な人が多いのですが、例会に通っているうちに別人のように話し上手、聞き上手になっていきます。

世間には自助グループに通ったり、その会員になったりすることを「みっともない」とか「恥かしい」とか、そういうレベルで捉える人がいます。酒害を治療しようとしない方が、「みっともない」「恥かしい」行為でしょう。

世間の人たちは、酒害者も「節酒はできるが、断酒はできない」と考えています。一〇人中一〇人までがそう考えていますが、自助グループでは、「節酒はできないが、断酒はできる」と判じています。

世間の多くの人たちは、酒が命の次に大切なものだから「酒がなければ仕事などできるはずがない」と頭から信じこんでいます。しかし、そうではないのです。この世には下戸とよばれる人びともいて、まったく飲めない体質でありながら、営業マンとして成果をあげている人が多い。酒が飲めなくともいくらでも生きていくことができるのです。

世間には、大酒を飲んで命を棒に振ることを賛美し、健康を重んじたりすることを蔑視する風潮があります。飲めない人を見下す雰囲気もあります。
「太く短く！」と豪語している人も、富豪も権力者も、馬さながらに体の頑健な人も、最後の最後、一枚めくれば生きつづけたくて仕方がないのです。職場や家族のことを想うと健康であることがなにより大切ですから、命を惜しんで健康的に生きることが社会人としての基礎条件だと自助グループは考えています。

将軍足利義政も御畳奉行朝日文左衛門も心底酒をやめたいと念じていたでしょうが、自助グループが存在しない時代だったから酒で命を落とすしかなかったのです。自助グループ、病院、保健所などの支援機関が整備されつつある現在、酒をやめる人が増えているかといえば、増えていません。病院で酒害についての情報を得て、自助グループについて十分な説明をうけても、酒をやめない人の方が多い。というよりも、やめることを選ぶ人は絶対的少数派なのだ。

自助グループも病院も、力ずくでやめさせようとはしません。酒を飲みつづけるか、酒をやめるかという判断は当事者が決定することだからで、自己決定権は近代の原則のひとつであります。飲みつづけるか、やめるのかという自己決定をするのに要する時間は数分間でしょうが、そのときにそれまでの人生体験や社会の動きが大波のように当事者の胸に押しよせてくるのです。私は、そのとき、人が反対の方向にむかって歩きだすのは、結局のところ、厳しく愛されてきた、真剣に愛してきたという前歴とふかい関わりがあるようだと思います。

多くの人びとは、酒をやめたいと思っていますが、そういう人びとは、「やめられるはずがない」と勝手に決めこんで飲んでいるのです。やめるべき人が飲んでいれば、人生は辻褄《つじつま》が合うようにできているから、さしさわりが飲酒者に現われます。自助グループの一員になれば、その内部について少々のつらさを感じることもあるでしょうが、その程度の苦痛を越えられない人はどこへ行ってもモノにならないでしょう。

自助グループに蓄積されたセオリーに謙虚に接すれば、容易に酒はやめていくことができるのです。仲間たちと手を組んで、酒をやめながら歩く道には幸福な情景がつぎつぎとあらわれます。

参考文献

A 基本史料に関して

・奥野高広　岩沢愿彦校注『信長公記』角川書店
・『言継卿記』未完　国書刊行会
・『御湯殿の上の日記』（『続群書類従』）続群書類従完成会
・『多聞院日記』全五冊（『増補　史料大成』）臨川書店
・小林保治校注『古事談』現代思潮社
・神戸説話研究会編『続古事談注解』和泉書院
・大乗院寺社雑事記研究会編『大乗院寺社雑事記研究論集』全三巻　和泉書院
・橋本実校訂『雄山閣文庫　吾妻鏡』全六冊　雄山閣
・新訂増補国史大系『続日本紀』『律』『令義解』『令集解』
『弘仁格抄・類聚三代格』『延喜式』『公卿補任』『尊卑分脈』吉川弘文館
・直木孝次郎他訳注『続日本紀』一～三　平凡社
・日本思想大系『律令』岩波書店
・日本古典文学大系『万葉集』『風土記』『日本霊異記』『懐風藻・文華秀麗集・本朝文粋』岩波書店

B 日本史に関して

・朝尾直弘『天下一統』小学館

・熱田　公『天下一統』集英社
・家永三郎　黒羽清隆『新講日本史』三省堂
・今谷　明『日本国王と土民』集英社
・朧谷　寿『王朝と貴族』集英社
・北島正元『幕藩制の苦悶』中央公論社
・黒田俊雄『蒙古襲来』中央公論社
・五味文彦『鎌倉と京』小学館
・辻達也『江戸開府』中央公論社
・永原慶二『内乱と民衆の世紀』小学館
・脇田晴子『戦国大名』小学館

C 酒造史に関して

・秋山裕一『日本酒』岩波書店
・加藤百一『日本の酒　五〇〇〇年』技報堂出版
・神崎宣武『酒の日本文化』角川学芸出版
・神崎宣武『三々九度』岩波書店
・小泉武夫『酒の話』講談社
・坂口謹一郎『日本の酒』岩波書店
・吉澤　淑『酒の文化史』丸善

D 飲酒文化に関して
・神坂次郎『元禄御畳奉行の日記』中央公論社
・高知県断酒新生会編『断酒会　依存から創造へ』高知県断酒新生会
・高知県断酒新生会編『語録に学ぶ』高知県断酒新生会
・小林哲夫『松村春繁』ＡＳＫ
・清水新二『アルコール関連問題の社会病理学的研究』ミネルヴァ書房
・清水新二『酒飲みの社会学』素朴社
・中江兆民『三酔人経綸問答』岩波書店
・野口裕二『アルコホリズムの社会学』日本評論社
・福沢諭吉『福翁自伝』岩波書店
・横山源之助『日本の下層社会』岩波書店
・和歌森太郎『酒が語る日本史』河出書房新社

E アルコール依存症に関して
・高木敏　猪野亜朗『アルコール依存症　治療・回復の手引き』小学館
・なだいなだ『改訂版　アルコール中毒　社会的人間としての病気』紀伊国屋書店
・森岡洋『アルコール依存症を知る！』ＡＳＫ
・森岡洋『誌上アル中教室　アルコール依存症　回復のための講義録』星和書店

F

detail.chiebukuro.yahoo.co.jp/qa/question-detail/q1412757329
d.hatena.ne.jp/hidelcitora/20150110/1420895417
https://ja.wikipedia.org/wiki

あとがき

酒飲みへの関心がつよくてこの本を書いたのですが、その過程で日本史における統治システムの祖型のようなものが望見できました。日本の場合、統治システムがそれほど厳格ではなく、すくなくとも強迫的なそれではなく、足りないものは文化として補ってきたように思います。私はそれぞれの時代において、名もない無数の民衆の生活ぶりが偉かったことがよくわかったのでした。

酒はいいもので、まさに百薬の長ですが、目的や方法が間違うと、ひどい結果が引きおこされます。私の場合、アルコール依存症になってしまいました。そのため断酒会に入会し、一日断酒と例会出席に励んでいきます。

入会した年に松村断酒学校に入校し、帰路の船のなかで日本のアルコール問題を大幅にへらす方法をあきらかにしたいと思うようになっていました、それから忘れていた英語を再学習し、アルコール問題に関係する洋書が読めるようになりました。

欧米のアルコール政策や飲酒文化が多少わかってくると、日本のそれらに大きなギャップを感じました。欧米人もよく飲酒しますが、日本人の酒好きは特別です。真に飲むことと酔うことに超寛容な日本でありながら、酒害が破滅的でないのは日本人の体内において、ALDH2

（アルデヒド脱水素酵素）の欠損率が高いから、すなわち過飲にたいするブレーキが内臓されているからだと考えるようになりました。

逆にいえば、酒につよい遺伝子をもっている日本人の男性には、フランス人やドイツ人も仰天するほど、世界でもトップクラスの飲酒量になっているケースが少なくないように思うようになりました。藤原兼家、後白河天皇、北条高時、足利義満、足利義政、上杉謙信、山科言継、中江兆民、松村春繁……などは、ＡＬＤＨ２もＡＬＤＨ１も共にきわめて優秀であったのでしょう。

平成二五年にアルコール健康障害対策基本法が制定され、現在、この法律の運用が図られつつあります。数十年まえから待望されていたもので、直接的な契機としては平成二二年五月のＷＨＯ総会の要請に日本的に応えたものです。

教育、医療、検診・保健、相談、社会復帰、自助団体などの分野で取組みをつよめて、酒害を抑えこもうとしているのです。

同法の実践に大勢の人びとが参加していけば、年数がかかるでしょうが、アルコールに関して見違えるようにすばらしい社会になるでしょう。

しかし、同時に私には今後の社会に不安もあるのです。右の基本法は、「人に対する取組み」ですが、それで十分かと思うのです。教育、医療、検診・保健、相談……どれも欠かせないほど重要ですが、その対象になる人が適切に反応するかと心配になってくるのです。感じたり、理解したりしなかったら、取組み構想も絵に描いた餅になるのではと思えてきます。アルコール依存症者がへらないのではないかと心配しているのです。

他方では、欧米で研究が進んだ結果、総量抑制アプローチというのが支持を集めています。アルコールの消費量をへらすことを通して、世のアルコール問題をへらしていこうとするもので、主として、酒価・小売・広告を規制していくという発想です。これは「社会に対する取組み」ですから、個々人の感受性や理解力がどうであれ、個人に束縛的に作用します。また、アルコール健康障害対策基本法が、その運用を都道府県に任せてある点も気がかりです。取組みが遅れたり、取組めない県がでてきたらと不安になるのです。

アルコール依存症者については過度にその自己決定を重視するのも考えものです。

私が断酒しているということで、少なくない数の家族から依頼されて本人に会ってきましたが、当の本人が自分の酒に問題性がないといいはるのが大半でしたし、医療機関や自助グループに顔を見せることもありませんでした。

イスラム諸国は禁酒が宗教上の戒律となっていますが、WHOの資料によれば、イスラム諸国にもごく少々のアルコール依存症者が存在していますし、ごくわずかな社会的酒害もあるようです。しかし、欧米とくらべたら、無視していいほどの数字ですから、アルコール依存症に関しては国家的見地からの人道的原則がたいへん大切だといえるでしょう。要するに、何をいいたのかといえば、私はアルコール依存症者には断酒を、国民には節酒を呼びかける政党、政治家が出現してもいいと思っているのです。しかし、アルコール依存症者に対して強制力を発揮したとしても、断酒する人は増えないに決まっています。私は社会に対して酒害を啓蒙し、アルコール依存症者が断酒することのすばらしさを説いていくことが重要だと思います。

私がこの本を書くのに大いに参考にさせていただいた二冊の文献があります。加藤百一さんの『日本酒　五〇〇〇年』（技報堂出版）と和歌森太郎さんの『酒が語る日本史』（河出書房新社）です。酒造史に興味をもって調べてきたのですが、迷いが生じたら加藤さんの文献にしたがっていました。

断酒に踏みきってから日本史上の有名人の酒害に関心をもつようになり、調べてきました。そこへ和歌森さんの『酒が語る日本史』をよみ、感銘をうけ、こんな本を書きたいと思うようになりました。大阪府立中央図書館に毎週のように通い、同書が紹介する『吾妻鏡』『大鏡』『言継卿日記』『尋尊大僧正記』『紫式部日記』など多くの古典を借りだして原稿を書きました。その結果、和歌森さんの著書と似た表現や言いまわしが生まれた次第です。『酒が語る日本史』は専門書ですが、有名な人士、たとえば嵯峨天皇、義政、山科言継、藤原兼家……の酒害を私が書けば、対象領域が狭いので似通ってくるのだと思います。

著者紹介

中本新一（なかもと・しんいち）

1945年生まれ。同志社大学大学院博士後期課程修了。博士（政策科学）。1983年２月、専門医から「完全なアルコール依存症」と診断されて自助グループに入会、酒を飲まない生き方を選んだ。2013年に断酒歴30年を表彰され、71歳の現在も感謝しながら例会出席と断酒をつづけている。

［著書］
『勇者が拳を固めるとき』（成文堂、1974年）
『五組新聞奮戦記』（神保出版会、1992年）
『ザ・教育困難校』（三一書房、1995年）
『酒はやめられる』（三一書房、1999年）
『アルコール依存社会』（朱鷺書房、2004年）
『脱・アルコール依存社会をめざして』（明石書店、2009年）
『仲間とともに治すアルコール依存症』（明石書店、2011年）
『酒の悩みのない社会へ』（阿吽社、2013年）
『今日一日だけ――アル中教師の挑戦』（社会評論社、2015年）

ヤバすぎる酒飲みたち！
――歴史にあらわれた底なしの酒客列伝　　SQ 選書12

2016年11月10日　初版第１刷発行

著　者：中本新一
装　幀：中野多恵子
発行人：松田健二
発行所：株式会社 社会評論社
東京都文京区本郷2-3-10　☎03（3814）3861　FAX 03（3818）2808
http://www.shahyo.com/

組　版：スマイル企画
印刷・製本：ミツワ

01
帝国か民主か
中国と東アジア問題
⦿子安宣邦著　「自由」や「民主主義」という普遍的価値を、真に人類的価値として輝かしていくことは可能か。
1800円

02
左遷を楽しむ
日本道路公団四国支社の一年
⦿片桐幸雄著　公団総裁の怒りを買い四国に飛ばされる。左遷の日々の生活をどう楽しみながら暮らしたのか。
1800円

03
今日一日だけ
アル中教師の挑戦
⦿中本新一著　「酒害」の現実を体験者の立場から書き起こす。今日一日だけに全力を注ぎ続ける断酒半生記。
2000円

04
障害者が労働力商品を止揚したいわけ
きらない　わけない　ともにはたらく
⦿堀利和編著　「共生・共働」の理念を実現する社会をどう創りあげるのか。障害者の立場からの提起。
2300円

05
柳宗悦・河井寛次郎・濱田庄司の民芸なくらし
⦿丸山茂樹著　戦争を挟んだ半生紀、昭和の男たちを魅惑した民芸運動。三本の大樹が吹かせる爽やかな風を読む。
1800円

06
千四百年の封印　聖徳太子の謎に迫る
⦿やすいゆたか著　聖徳太子による神道大改革はなぜ封印されたのか。倭国形成史のヴェールをはがす。
2200円

07
「人文学」という思考法〈思考〉を深く読み込むために
⦿真野俊和著　民俗学研究のアプローチから人文学の醍醐味をさぐる。
2200円

08
樺太（サハリン）が宝の島と呼ばれていたころ
海を渡った出稼ぎ日本人
⦿野添憲治著　聞き書きをとおして近代日本の民衆史を掘り起こす。
2100円

以下続刊。定価はすべて本体価格（税別）